差別の歴史を遡ってわかった！

世襲議員という巨大な差別

苫米地英人

認知科学者／カーネギーメロン大学

CYZO

はじめに

◎日本には差別がないという誤解

　私はこの本の中で「差別」について考えていきます。

　といっても、ある特定の差別だけを俎上にのせているわけではありません。もっと根源的な差別とはなにか？を歴史を遡って見ていきます。そうすることで現代の差別が見えてくるからです。

　では、現代の差別とはなんでしょうか？

　それは人種差別であり、さらに言えば、ある特定の人々がある特定の人々に対して取る理不尽な行動と、その行動の肯定であり、固定化です。

　わかりやすく言えば、身分制度がそうです。インドのカースト制度などがその典型ですが、実を言えば、21世紀の日本にもそれはあります。その差別はわかりやすい身分制度の形をとっているわけではありませんが、確実に私たちの社会を蝕んでいます。私たちの日々の生活を破壊しています。

　例えば、いまの日本は失われた20年、30年と言われています。なぜなら、バブルの崩壊以降、他の先進国は確実に成長しているのに、日本だけがずっとマイナス成長だからです。

　なぜこんなことが起きているのでしょうか？

　さまざまな要因が考えられますが、私は、日本に大きな差別がある

からだと思っています。

　しかも、その差別をほとんどの人が気づいていません。目の前にあるのに、それが差別だとわからないのです。だからこそ、多くの日本人は「日本には差別がない」と思い込んでしまっているのです。

　そもそも、差別とはなんでしょうか？

　肌の色で人を差別するというのももちろんそうですが、最も根源的なものとしては生まれによって人生が決まってしまうことです。本人がどれだけ努力しても、どれだけ才能があっても、生まれた場所、生まれた家、生まれた血筋によって、人生が決定されてしまうことを言います。

　あるポストを巡る競争があった時、候補者の一人がどれだけ高い能力を示しても、ある人の息子だというだけで、その息子のほうがポストを奪ってしまうことを私たちは差別と言います。

　人種差別というのはこれのわかりやすい例であり、だからこそ、多くの人が糾弾するわけです。

　ところが、その一方で、私たちは生まれた血筋によってポストが決まることをそれほど疑問に思いません。例えば、ある会社の社長が息子を次代の社長にした場合、ほとんどの人は「しょうがない」もしくは「妥当だ」と思うでしょう。

　しかし、この感覚は、明治以降に私たちに植え付けられた感覚なのです。

◎歴史を振り返りながら差別を考察

　なぜ、歴史を振り返りながら差別を考察していくのかと言えば、まさに差別が人為的に作られたものだからです。

はっきり言えば、日本にいまある差別は、ある時期に作られたものなのです。

　その一例を挙げましょう。さきほどの、息子を次期社長に据えるというのは現在ではあまり違和感がありませんが、江戸時代であれば、ありえない選択なのです。

　なぜなら、江戸の商家では自分の息子を跡取りにするのはご法度と考えられていたからです。

　商家の息子はどうしても甘やかされて育ちます。そんな人間が店の主人となれば、家はたちまち傾くことを商人たちは知っていましたし、町の人々もわかっていました。実際、商家を実の息子が継いだら、その店の信用はガタ落ちとなり、取引を中止する問屋が少なくなかったといいます。ですから、商家では娘を有能な番頭と結婚させたり、養子に迎えて跡を継がせたりしていました。

　武家にしてもそうです。よく武家は世襲制だったと言われますが、それは大名の話であって、武家は有能な跡取りがいない場合は、実子よりも養子をとって跡を継がせます。家という意味では世襲かもしれませんが、現実には有能な人材に家を継がせていく方法がずっと取られていたのです。

　ところが、現代はどうでしょうか？　世襲を良しとし、血のつながりを素晴らしいと思ってしまう感覚すらあります。

　現代の日本人は、誰かの息子である、誰かの血筋である、ということでその人を特別視することを安易に受け入れ過ぎているのです。

◎日本の巨大な差別・世襲政治

　ここで勘違いしてほしくないのは、私は「差別はやめましょう」と

いった啓蒙をしているわけではないということです。そういう第三者的な話ではなく、私たちはいま現在、強烈な差別の中にいることを自覚しなければいけないと言っているのです。

　私たち現代の日本人はずっと差別されてきた当事者なのです。差別されてきた、被支配者の側なのです。

　ところが、ほとんどの日本人はそれに気づかず、あまつさえ、その差別を容認し、時には応援までしているのです。

「そんなまさか。そんな差別がいまの日本にあるわけないだろ？」

　いまそう思った人は多いでしょう。

　しかし、あるのです。

　しかも、それは細かくてなかなか気づきにくい、というものではありません。その逆に私たちの目の前に常にあるありふれたものなのです。あまりにも見慣れ過ぎてしまったために、それが差別だと気づかないのです。

　だからこそ、この差別は根が深く、いまの日本を徹底的に悪くしているのです。

　果たして、その差別とはなにか？

　それは世襲政治です。

　私が調べたところ、親族に国会議員を持つ人間は、持たない人間の2300倍も国会議員になりやすいことがわかりました。また、昨年組閣された菅内閣20人中12人が世襲議員だという報道もありました。

　簡単に言えば、親が国会議員であれば、子供は2300倍も国会議員になりやすく、さらに大臣にもなりやすいのです。

　直近の例を挙げれば、岸信介の孫である安倍晋三氏が二度首相を務め、吉田茂の孫である麻生太郎氏が一度は首相を務め、長らく、財務大臣となり、後任には義弟の鈴木俊一氏が起用されているのが日本と

いう国なのです。

こんな前近代的なことがいま行われているのです。

この現実を前に「日本は民主主義の国だ」と言えるでしょうか？「差別のない国だ」と言えるでしょうか？

差別とは出身や血筋によって人生が決まってしまうことを言います。ならば、間違いなく、いまの日本は差別の国です。差別を容認する国民が、差別主義者を権力者にいただく、差別社会です。

そんな社会であっても成立しているのは、国民の多くが「自分たちには直接的な不利益はない」と思っているからです。

しかし、ちょっと冷静に考えればわかるはずです。

いまの日本は、世襲議員によって国政が私物化され、上級国民と言われる人たちが罪を逃れる不平等な社会になっていませんか？

年金が破綻していてもほっかぶりして、なにかと言えば、税率を上げようとする人々がこの国を支配しています。

国民のほぼ全員が反対しているカジノ法案を通してしまう国会があるのがこの国なのです。

もう一度、いまの日本をよく見てください。

不平等なことばかりではないでしょうか？

その原因の根本にあるのが国会議員の世襲制なのです。

こんな世の中がいいわけがありませんよね？

皆さんもそう思うでしょう。

しかし、こんな世の中を良しとしているのも皆さんなのです。

21世紀の日本ではもうこんなものにノーを突きつけましょう。

世襲議員を容認し、ありがたがる世の中を一刻も早く終わらせるために、私は本書を書きました。

［目次］

第3章 │ 現代の差別　　　　　　　　　　59

明治から現在まで続く世襲家系図　79

第1章

差別の源流

◎日本の差別の源流「穢れ」

　なぜ、日本人は差別に気づかないのでしょうか？

　目の前に差別があるのに、差別がないと思い込んでいるのでしょうか？

　それは差別とはなにかを学んでいないからです。

　差別がどのように形成され、それがいかに社会を壊してきたのか、をわかっていないのです。

　そして決定的なことは、差別とは人為的に生まれたものであり、支配者はそれを徹底的に利用してきたということです。

　ですので、この章では、日本の差別の源流とはなにかを探っていきましょう。

　さて、日本の差別における源流は平安時代に遡ることができます。

　平安時代の前期820年に作られた『弘仁式』という式、いまで言う法律によって規定されている「穢れ」が日本における差別の源流だと言われています（この後、871年の『貞観式』、967年に施行された『延喜式』が、三大格式と呼ばれています）。

「穢れ」の規定ですが、以下の条文を見るとわかります。

「触穢忌事應忌者、死限卅日、産七日、六畜死五日、産三日、其喫完、及弔喪、問疾三日」

　人の死や出産は「触穢」つまり「穢れ」に触れることであり、例えば死に関係した者は30日間家を出ずに禊ぎをする必要があり、出産では7日間、家畜の死では5日間、家畜の出産では3日間の蟄居が律令として定められています。

　また、動物の肉を食べること、喪を弔うこと、病気のお見舞いをす

ることも触穢となり、3日間自宅にいることが必要だと書かれています。

　この「穢れ」が日本における差別の原点なのですが、実はこの感覚は現代人も持っています。

　例えば、葬式のあとに塩を振るという行為はまさに「穢れ」を「祓う」行為そのものです。また、子供たちがよくやるエンガチョという中指を人差し指に引っ掛ける仕草もそうです。あれも「穢れ」から自分を守るための仕草で、鎌倉時代の作と言われる『平治物語絵詞』の中にもエンガチョをしている町の人々の姿が描かれているほどです。

　そして決定的なのは、霊柩車を見ると親指を掌で握り込んで隠すおまじないです。たぶん、いまだに霊柩車を見るとやる人がいるのではないかと思いますが、その仕草の理由は「親指を握ることで親が死の世界に引っ張られないようにする」というものでした。地方によっては違うかもしれませんが、一般的にはそう教えられていたはずです。

　もちろん、その思想の根底には死穢との関わりを避ける意味合いがあり、21世紀の日本ですら、「穢れ」の思想に縛られているのです。

◎道教と「穢れ」

　このように「穢れ」の概念は古代から現代まで途切れることなく続いていたのです。しかも、私たちはそれを自覚すらしていませんでした。

「なんとなく、縁起が悪いから」といった感覚で迷信とわかっていても、葬式のあとには塩を振っていたはずです。霊柩車を見ると親指を握ることを繰り返していたのです。

　しかし、なぜ、こういったものが1000年以上も引き継がれていっ

たのでしょうか？

　実は、そこには道教の概念が大きく関わっています。

　さきほど紹介したお清めの塩や、中指を人差し指に引っ掛ける仕草は道教の呪法です。お清めの塩は神道だと言う人もいるかもしれませんが、神道は道教の影響が色濃く残っています。多くの人がただの迷信だと信じている霊柩車を見て親指を隠す仕草などは道教そのものと言っても過言ではありません。道教では死の世界は邪気の世界とされており、その邪気が移らないように労宮を隠すという仕草が親指を握る行為になります。労宮とは薬指の下あたりにあるエネルギーが出入りする重要なツボのことです。

　ただし、古代の日本に道教の道士が正式に渡来したことはなく、体系的な教えが移入されたこともありません。しかし、道教は当時の中国の土着の宗教であり、中国由来の学問には不可欠のものでした。中国大陸、朝鮮半島から渡ってくる渡来人は皆、道教の知識を持っていたのです。そのため、日本も道教の影響を強く受けたのです。

　例えば、『日本書紀』には道教の影響を受けた記述が随所に見られます。剣と鏡を神器とするという記述などがその代表で、剣と鏡を神器とするのは道教の思想そのものです。また、同紀収録の「浦島太郎」伝説の原型には蓬莱山などの名もありますが、蓬莱とは道教における仙人の住む場所です。

　陰陽道や当時の医学にも道教の思想が入っています。その証拠に陰陽道ではお札を使って祈禱を行いますが、お札を使う呪術は道教のものです。また、東洋医学では太陰太極図が必ず示されます。これも道教思想を図式化したものです。

　さらに、「穢れ」と道教の関係として決定的な記述が『延喜式』の中にあります。それは穢れ祓いの祝詞として書かれた以下の文言です。

「皇天上帝、三極大君、日月星辰、八方諸神、司命司籍、左は東王父、右は西王母、五方の五帝」

　これは神の名で、この神様たちに祈ることで「穢れ」は祓がれるのですが、この神様たちはすべて道教の神様です。

　つまり、「穢れ」の概念は道教の概念だったのです。

◎当初、「穢れ」は祭祀と関係していただけであった

　道教の影響を受ける前の日本では、死は「穢れ」ではありませんでした。

　それは、縄文時代、弥生時代の古墳を見ればわかります。彼らは集落の近くに墓を作っていますし、住居の中に遺体を埋めていたケースまであります。死が「穢れ」であれば、そんなことはしないはずです。

　それが奈良、平安の時代に入ると、死が「穢れ」へと変わっていきます。この時期、多くの渡来人が日本に渡ってきたためです。彼らの多くは朝鮮半島、大陸からやってきた人たちで、大陸の土着の宗教であった道教も一緒に日本に入ってきたのです。

　しかしながら、日本に道教が入ってくることで差別の概念も入ってきたのか、というとそれは違います。

　中央大学講師の尾留川方孝氏の考察によれば、当時の「穢れ」は、「祭祀」とセットになっていたというのです。

　例えば、『西宮記』などの儀式書には、ある貴族の家から死体が見つかったという事件の顚末が記されています。この貴族は自宅に死体があったことを知らずに何日も内裏に参じていました。そのため、内裏が「穢され」てしまったとして、2日後に予定されていた食の祭祀「神今食」が天皇不参加となり、神祇官だけで執り行われています。

ちなみに、当の貴族は7日間の「穢れ」と判断されました。

『西宮記』にはほかにこんな記述もあります。ある貴族の使用人が死亡したのですが、その貴族は、使用人が死ぬ前に自宅を出て内裏に入っており、これは「穢れ」になるのか、否かというものです。神祇官が卜占によって占ったところ、「穢れ」にはならないという結論が出ています。

こういった記述から、「穢れ」は祭祀を日常的に行う内裏を「穢す」ことがないように、という考えだったことがわかります。

内裏は天皇が神のための儀式を行う場所ですから、そこに「穢れ」を持った人間が近づくのは当然タブーです。しかし、内裏でなければ、「穢れ」はそれほど大事にはならないわけです。

つまり、「穢れ」の概念はあくまで神を念頭においたもので、人が人を「穢れ」ているとする、その後の差別につながるようなものではなかったのです。

それがなぜ、人が人を「穢れ」ているとする差別の感覚が生まれてきたのでしょうか?

これにはカースト制度が深く関わってきます。

◎差別につながる「穢れ」は「禊いでも落ちない」とする考え方

カースト制度の話をする前に、奈良、平安から鎌倉、室町時代の身分制度がどういうものであったのかをお話ししておきましょう。

古代の身分制度は氏姓制度、部民制度などがありましたが、「穢れ」と関わってくるのは7世紀に中国から入ってきた「良(貴)・賤」制度です。

この身分制度はそれほど複雑ではなく、支配者を貴人として、貴人に従う者たちは良人、逆らう者たちは賤人です。

　賤人が「穢れ」であったわけで、具体的には国家に逆らった者たち、殺人、不敬罪など法律を犯した者たち、家長制を壊そうとしたり、年上を侮辱したり、などの儒教の教えに反した者たちが賤人として区分されます。ですから、「良・賤」は紙一重で、良人から賤人に落とされることもあれば、賤人から良人になることもありました。

　つまり、当時の「穢れ」は「禊ぐ」ことができたのです。

　民俗学者の沖浦和光氏も『アジアの聖と賤』という書物の中で、このように語っています。

「律令制を導入した古代国家の段階では、中国から導入された＜貴・賤＞観念が中心だった。もちろん、穢れの観念、不浄感は太古の時代からあったけれど、身分制の体系にはあんまり反映はしていなかった」

　前述したように「穢れ」の概念だけであれば、道教にもあり、古代の日本にも伝わっていました。それは習慣として清め塩や親指を隠すといった形でいまでも残っているほど根強いものでした。

　しかし、これらのものは清めたり、祓ったりすることで「禊ぐ」ことができました。「禊い」でしまえば、「穢れ」は落ちるのです。

　ところが、差別につながる「穢れ」は「禊いでも落ちない」とする考え方で、しかも、それが「人に移る」とされました。こんなものを身分制度と結びつけてしまえば当然、「差別」が生まれてくるのはわかるでしょう。

　しかし、元来、こういった考え方は日本にも中国にもなかったのです。身分制度はありましたが、本人の能力があれば、いくらでも出世の道は残されていたのです。

　私たちは身分制度が悪いものだとすぐに思ってしまいますし、それ

はその通りなのですが、ある意味、勝ち負けのある社会ではどうしても出てきてしまう部分ではあります。そういう中で、最低限、存在してはいけない社会というものはあって、それが身分制度を固定化した社会なのです。

　端的に言えば、インドのカースト制度です。これだけはあってはいけません。なぜなら、身分制度の中に「穢れ」の概念が埋め込まれているからです。「下の身分の者は禊いでも落ちない穢れ」を持っているとされてしまった時、個人の能力などまったく及ばない固定化された身分制度が完成します。

◎アーリア人がドラヴィダ人を支配するために 作ったカースト制度

　カースト制度はすでにご存知の方も多いと思うので簡単な説明にとどめますが、上からバラモン（ブラフミン）、クシャトリア、ヴァイシャ、シュードラの４つの身分があります。完全世襲制であり、生まれた階級によって職業も決まってしまいます。さらにこれに属さないスケジュールド・カーストも存在します。彼らはかつて不可触民と言われ、触っただけで穢れるとされてきました。

　このような身分制度が生まれたのは、古代インドを肌が白く背が高いアーリア人たちが侵略したことによると言われています。アーリア人が侵入する前、古代インドにはインダス文明を築いた高い文化を持つドラヴィダ人が住んでいました。しかし、アーリア人に征服されると、彼らは奴隷とされてしまいます。

　征服後、アーリア人はカースト制度という身分制度を作ります。上から３つの階級バラモン、クシャトリア、ヴァイシャはアーリア人も

しくはアーリア人に協力した者が独占し、ドラヴィダ人は奴隷としてのシュードラ、さらにカースト制外の不可触民とされてしまいます。

　さらにアーリア人は、ドラヴィダ人たちを未来永劫、自分たちに隷属させるため、カースト制度の中に宗教を組み込みます。それがバラモン教の輪廻転生の考え方で、シュードラ以下の人たちが下の身分で苦しむのは前世に悪業を繰り返して穢れてしまったためで、これは現世で苦しむことで浄化され、次に生まれ変わる時には高い身分になっているとするものです。

　これを信じてしまうと、バラモンは永遠にバラモンであり、シュードラは永遠にシュードラです。ただし、宗教の怖いところは、一度信仰してしまうと、現世で苦しむことを本気で修行だと思い込んで、その境遇を受け入れるようになってしまうことです。

　実際、私はインドでシュードラ階級の人たちを救おうとしたことがあります。しかし、彼らから、「来世に高い身分で生まれ変わる邪魔をするな」と言われてしまって断念せざるを得なかった苦い経験があります。

　また、余談になりますが、インドでは肌が白いほうが優秀で、黒い人は劣っているという西欧社会の差別の原点のようなものがあります。その理由は肌の白いアーリア人が上から３つの階級バラモン、クシャトリア、ヴァイシャを独占していたためですが、実は、彼らアーリア人はインドだけでなく、のちのヨーロッパ方面にも進出し、ヨーロッパを作っていく人々の祖先となっています。つまり、白人優位主義の原点にアーリア人が関係していた可能性が高いのです。

　ヨーロッパ人たちはのちに南アメリカやアフリカを植民地にしていきますが、当時のキリスト教の宣教師たちは肌の黒いアフリカ人や南米のインディオたちを奴隷にすることを禁じるどころか、奴隷となる

ことで彼らの魂は救われると奴隷制を肯定すらしたのです（『カトリック教会と奴隷貿易』西山俊彦著より）。

　つまり、肌の色が白いか、黒いかで差別する感覚は、アーリア人によって世界中に広がっていった可能性があるのです。

　問題は、このカースト制度がどういう形で日本に入ってきたのか、という点ですが、先に答えを言ってしまうと、仏教とともに伝えられたのです。

◎釈迦はカースト制度を否定していた

　仏教とともに日本にカースト制度が伝えられたのはとても皮肉な話です。というのも仏教を作ったお釈迦さまは、カースト制度を否定した人だったからです。初期の経典である「スッタニパータ」には次のように記されています。

「生れによって賤しい人となるのではない。生れによってバラモンとなるのではない。行為によって賤しい人ともなり、行為によってバラモンともなる。」（『スッタニパータ136』中村元訳）

　行為による、と言っているのですから、カーストの世襲制を完全に否定しています。さらに、お釈迦さまは輪廻や穢れは無明な心が生み出しているに過ぎないとしています。

　それが有名な「毒矢のたとえ」です。

　ある日、弟子からあの世の存在について聞かれたお釈迦さまは、「毒矢で射られた時、この矢は誰が射ったのか？　どんな弓で射ったのか？　などということを考えても意味はない。その前にやることは毒矢を抜くことだ」と答えています。いわゆる無記（語らず）という形で、あの世のこと、輪廻のことを否定したのです。

また「穢れ」については、肉食を禁止していません。お釈迦さまが禁止したのは人肉と鳥肉を食べることでした。

　人肉は当然としても、なぜ鳥肉もダメだったのでしょうか？

　その理由は当時のインドのみならず、古代社会では多くの人々が飢えていたということです。ちょっとした天候不良で飢餓状態になることも少なくなかった古代社会では、どうしても人肉を食べなければ生き延びることができない極限状態がしばしば発生します。その際、人々は人肉を鳥肉と偽って食べていました。

　ですから、鳥肉を禁止したのです。要は、人肉だけは食べるな、とお釈迦さまは言っていただけなのです。

　よって、初期仏教には「穢れ」の概念は入ってはいません。輪廻転生もありません。カースト制度も否定しています。

　であるのに、日本に入ってきた仏教に「穢れ」とカーストの概念が入っていた理由は、お釈迦さまの死後に仏教が大きく変わってしまったためです。

◎変貌した仏教

　お釈迦さまが生きていた時代、仏教はインドで大人気となります。信者も増えていきますが、お釈迦さまが亡くなると次第に人気が落ち、バラモン教から変遷したヒンドゥー教が隆盛の時代を迎えます。1世紀過ぎになると圧倒的なヒンドゥー社会となり、仏教もそれに合わせて輪廻の論理などのヒンドゥー文化を取り込むようになります。

　例えば、ヒンドゥー教徒は肉食を嫌いますから、仏教でも肉食を禁止します。輪廻転生の概念も仏教的な解釈をしつつ、やはり取り込みます。また、現世利益に応える密教的な呪術も入っていきます。そう

いった過程を経て仏教の中に、「穢れ」の概念と「カースト」の概念が染み込んでいったのです。

これがお釈迦さまの死後100年後ぐらいからの話で、中国に伝わった仏教とは、ヒンドゥー教の概念が混じり合った仏教でした。

ヒンドゥー教が混じり合った仏教が中国に渡ると、今度は中国の宗教である道教と儒教の概念が追加され、さらに変貌していきます。

この変貌を「穢れ」との関連でいうと、殺生戒によって僧侶の肉食は完全に禁止となりました。また、牛馬の殺生をする者は仏教に帰依しろ、という布教活動もなされました。

輪廻転生に関しては、中国仏教は最初から真我と輪廻を取り入れているので生得的悪業はすんなり受け入れてしまいます。

しかし、その一方でカースト制度のようなものは受け入れませんでした。

例えば、漢の高祖劉邦の功臣、樊噲は、もともと犬の屠畜を生業としていました。カースト的な思考であれば、樊噲は穢れた人ですから、劉邦の側近になどなれません。のちに、カースト的思想に中国が染まったのならば、彼の存在は歴史からまっ殺されているでしょう。

しかし、樊噲は功臣のままですから、中国にはカースト的な「穢れ」の概念は根付かなかったのです。

結局、中国にはヒンドゥー教の影響を受けた仏教が入ってきましたが、道教や儒教の概念を加えて構築しなおし、中国仏教という再解釈のようなことがなされたのです。それもあって、「穢れ」と身分制度のつながりは薄かったのです。

◎日本でカースト制度とつながってしまった中国仏教

　ところが、日本に中国仏教が入ってくると事情が変わってきます。

　「良と賤」で人々を分けていた身分制度が、「浄と穢」で分けられていくようになるのです。

　民俗学者の沖浦氏は、前掲書の中でこう語っています。

　「（もちろん、穢れの観念、不浄感は太古の時代からあったけれど、身分制の体系にはあんまり反映はしていなかった。）それがしだいに〈浄・穢〉に基軸が移ってくるのは、だいたい平安朝に入ってからですね。つまり、鎮護国家の思想として仏教が支配階級によって取り入れられていたのが、この段階になってくると民間のレベルにまで降りてくる。この仏教が殺生戒を中心に触穢思想をふりまくことによって、それまでの古い時代からの浄・不浄観と合体し、＜浄・穢＞観念が急速に普及した。もちろん、天皇制を頂点とした＜貴・賤＞観念も依然として存続していたのであって、その意味では両系列が併存しながら、しだいに＜浄・穢＞観念のほうが濃厚になってきたと考えられる」

　日本では中国とは逆に「穢れ」を中心とする考え方「浄・穢」観のほうに軸足が移ってしまったのです。

　それが初めて形になったのが天武天皇５年（676年）の「殺生禁断」「死刑禁止」の勅令です。これは仏教の経典『梵網経』の影響を受けて出された勅だと言われています。

　さらに後代になっていくと、死穢、殺人穢、改葬穢、産穢、妊者穢、月事穢、喫肉穢などと「穢れ」の種類が限りなく増えていきます。「穢れ」の概念が公家たちに急速に浸透していったことがわかります。

　ただし、沖浦氏も指摘するように平安時代末期ぐらいまでは、まだまだ、「穢れ」は朝廷内だけのものでした。「穢れ」にこだわるのは貴

族たちだけで、一般庶民にとっては、死が穢れというような道教的思
想はまだ広まっていませんでした。

◎増加する「穢れ」と陰陽師

　日本に仏教が伝来した500年代は朝廷も安定してはいませんでし
た。崇仏派の蘇我氏と廃仏派の物部氏が争った丁未の乱が587年に
起きていますし、その後も、推古天皇による新羅征討（600年）、乙
巳の変（645年）、白村江の戦い（663年）と次々に戦乱、騒乱が起き、
ついに古代史上最大の内乱となった壬申の乱が672年に起きます。

　つまり、仏教伝来から約100年間、世の中は乱れに乱れていました。
一般庶民にとって動物の死も人間の死も日常で、そこに「穢れ」の概
念が入る隙間などなかったのです。

　これが変わり始めたのが鎌倉時代です。朝廷の力が衰えたことに
よって貴族社会は崩壊、当時の官人たちの出仕が次々に止められてい
きます。

　ちなみに当時の官人たちの多くは「今来漢人」と呼ばれる技能民で
渡来人の子孫が多かったようです。治部省雅楽寮、兵部省造兵司、主
船司、主鷹司、宮内省の典薬寮、造酒司や園池司などに所属し、雅楽
を奏でる楽曲の仕事をしたり、武具を作る武具師であったり、酒造り
の杜氏であったり、造園師たちでした。

　彼ら技能民たちは貴族社会の崩壊とともに地方豪族を頼っていくよ
うになるのですが、ここで最も注目しなければならないのが宮廷陰陽
師たちでした。

　宮廷陰陽師たちは「穢れ」と直接関わった人々で、そもそも何が「穢
れ」で、どうすれば「禊げる」のかを決めており、貴族たちは彼らの

言葉に一喜一憂しながら生活していたところがあったのです。

　陰陽師たちも貴族社会の崩壊とともに宮廷での職を失い、武士階級に入り込んでいきますが、武士社会では「穢れ」の概念など歯牙にも掛けません。そもそも武士たちは動物の肉を日常的に食べており、その皮を使って武具を作っていたのです。その武具を使って戦争を行っていた人たちに、死穢だ、食穢だと言っても相手にされません。よって宮廷陰陽師たちは、武士たちのもとで日常生活の吉兆を占う仕事で糊口をしのぐ生活をするようになります。

　ただし、武士たちから仕事を貰える陰陽師は限られています。多くは庶民の中に入って大道芸的な占いで生きていくようになります。

　沖浦氏も著書『陰陽師とはなにか』でこのように語っています。「室町期に入ると、公家寺社勢力の経済的基盤だった荘園が守護・国人などの武士勢力によって蚕食され、宮廷に仕えていた陰陽家もその存立基礎が危うくなってきた。

　それに反比例して、民間陰陽師の出番がしだいに増えていった。新興自営農民の惣村が次々に生まれ、物流・交通機関の発展につれて、各地方でも商業や手工業の分野で新しい地域文化の展開がみられるようになった。それにつれて民間陰陽師の活動の場がしだいに広がっていった」

　つまり、野に放たれた陰陽師たちが宮廷でやっていたのと同じように「穢れ」の概念を民間に広めていったのです。これはのちに全国の寺社にも広がっていきます。

　鎌倉期に確立された、全国の寺社の「穢れ」に関するルールをまとめた『諸社禁忌』を見ると、伏見稲荷の産穢が30日となっていることがわかります。前述した『延喜式』では7日だったものが4倍以上になっているのです。「死穢」も30日から50日に延びています。「食

穢」としてニラ、ネギ、ノビルも追加されています。動物の肉だけでなく、匂いのきつい野菜まで「穢れ」に入れてしまいました。「穢れ」は、宮司などの権力者によって好き勝手に増やされるようになってきたのです。

◎過激な原理主義者が「穢れ」を差別としていく

　以上が「穢れ」の萌芽の部分です。

「穢れ」がカースト制度を内包する中国仏教と混じり合うことによって身分差別が起こったということは多くの研究者たちも指摘しています。

　ただし、その後の「穢れ」と差別の関係はなかなか複雑で一概にこうだった、ああだったとは言えない状況です。

「穢れ」に関する多くの書籍を読んでいると室町時代から身分による差別がひどくなってきたという記述が散見されるのですが、その一方で、鎌倉時代の日蓮宗の宗祖日蓮にはこんな逸話が残っています。

　文永8年（1271年）佐渡への流刑を言い渡された日蓮は仲間の円浄房へ宛てた書状『佐渡御勘気抄』に以下の言葉を記しています。

「日蓮は日本国、東夷、東条、安房の国、"海辺の旃陀羅が子なり"」

　旃陀羅とはカースト制度における被差別民チャンダラの音訳です。日蓮がわざわざこの言葉を使って自身の生まれを語るということは、当時すでに被差別民を救わなければいけないという思いが彼にあったからでしょう。

　それは裏を返せば、日蓮が活躍した鎌倉時代には旃陀羅という言葉が差別を表していたことを意味します。宗教が手を差し伸べなければ、救われない被差別民がすでにいたということです。

民俗学者の喜田貞吉氏も著書『旃陀羅考〜日蓮聖人はエタの子なりという事』の中で、こう書いています。
「日蓮聖人は事実漁家の子として生れられたのであったに相違なかろう。漁夫はもちろんいわゆる屠者ではない。したがっていわゆる旃陀羅でもない訳である。しからば何故に聖人は、自ら一方では旃陀羅の子なりと云い、旃陀羅が家より出でたりなどと繰り返しておられるのであろう。これについては当時の漁夫の社会的地位を明らかにせねばならぬ。
　漁夫はすなわち海人（あま）で古えにいわゆる海部（あまべ）の部族である。これを民族的に論ずれば、海部も農民も本来敢えて区別のあったものではないが、農民が公民（おおみたから）として社会的地位を獲得した後においては、彼らは取り遺されて一種賤しいものとして見られていたのであった。この事は『日本紀』などに証文がいくらでもある」
　なぜ、漁師が賤民扱いなのかというと仏教で禁じている殺生を生業としているからです。例えば、『法華経仮名新注抄』には「不親近旃陀羅、及畜猪羊鶏豹、畋猟漁捕、諸悪律儀」とあり、動物を獲る者、飼う者には親しく近づくなと書いてあります。
　鎌倉時代は新仏教といって浄土系の仏教や時宗などが庶民に流行した時代でしたから、仏教に深く帰依してしまうと差別が生まれてしまうという皮肉なことが起きてしまったのです。
　ただし、新仏教に深く帰依した人々はそれほど多くはありませんでした。喜田貞吉氏も前掲書の中で書いています。
「一般世人のこれを見る、必ずしも敢えて穢れたものとして区別しなかったことは祇園祭の神輿をエタに舁かしたとか、エタに井戸を掘らせたとか、三好長春がエタの子を小姓に召し抱えたとか、武士が持参金付のエタの娘を息子の嫁に取ったとかいう例証の、甚だ少からぬこ

とによっても知られるのである」

　エタとは被差別民のことで穢多と書くようです。ただし、その語源は鷹狩り用のエサを供給する人々のことを「餌取り（エトリ）」と言ったことから始まったとされています。餌取りは鷹のエサである動物の肉を扱います。道教の影響を受けた仏教的に見ると、それは「穢れ」となり、エトリの言葉の連想からエタ、穢多という当て字が作られたのではないかというのが定説のようです。

　また、穢多と同じように差別される非人についても解説しておきましょう。奈良・平安時代から河原者と呼ばれていた人たちがそうで、大きくくくると、農業をしない、耕作民でない平民はほぼすべて非人というカテゴリーに入れられていたと言われています。

　鎌倉、室町、戦国時代は「穢れ」による差別の感覚を持っていたのは仏徒の中でも過激な原理主義的な人たちだけで、庶民にはなかったものでした。当時の仏教が広がるにつれて、「穢れ」観も一般に広がり、江戸時代の中頃以降、差別が激しくなっていったという流れです。

　再び、喜田氏の言葉を引用します。ちなみに、研究者の言葉を何度も引用するのは、私見ではなく、学術的な見解であることを伝えるためです。

「彼らは鎌倉・室町時代には、キヨメ或いは河原ノ者と呼ばれて、社寺都邑の掃除夫・井戸掘り・駕輿丁・植木屋などの雑職をつとめ、勿論その職掌上、世間から幾分賤視されてはいたであろうが、決して彼らのみが特別に穢れたものとして、疎外されるという様な事はなかったに相違ない。ことにその賤視されたのは、必ずしも彼らばかりではなかった。古代｜雑戸時代・傀儡子時代の余習をついで、大多数の工

業者・遊芸者等はみな賤しいものとされていたのである。ことにもと家人・侍などと呼ばれた賤者も、時を得ては武士となって高く社会を睥睨する様になった世の中のこととて、古え「大みたから」と呼ばれた農民までが、一様に賤者として見下されていたのである。

『三十二番職人歌合』（室町時代、1494 年頃に編纂）には、千秋万歳法師　絵解（えとき）　獅子舞　猿牽　鵜飼　鳥さし　鋸挽（おがひき）　石切　桂女　鬢捻（かづらひねり）　算置　薦僧　高野聖　巡礼　鐘敲　胸叩　絵師（へうぼう）　張殿　渡守　輿昇　農人　庭掃　材木売　竹売　結桶師　火鉢売　糖粽売　地黄煎売　箕作　檜売　菜売　鳥売の三十二者の名を並べて、「こゝに我等三十余人、賤しき身に、品同じきもの」と云っている。この中にも、輿昇・庭掃などの或る者は、所謂エタ源流の一つをもなしたものであるが、その庭掃、すなわち掃除夫が、歌合せに於いて農人と相合せられているが如きは、以て当時の状勢を見るべきものであろう。」（『特殊部落研究号』の第二巻「エタに対する圧迫の沿革」より）

この歌合に出てくる職業はすべて技能職であり、のちに賤民視されていくものばかりです。その中に、「農人」が入っているということは、貴族社会から見れば、「賤しき身に、品同じきもの」ということだったのでしょう。

また、鎌倉時代に編纂された『東北院職人歌合』には医師、陰陽師、仏師、経師、鍛冶、番匠、刀磨、鋳物師、巫女、盲目、深草、壁塗、紺掻、莚打、塗師、檜物師、博奕打、舟人、針磨、轆轤引、桂女、大原女、商人、海人の 24 の職種が並べられています。

注目すべきはここに商人と海人が入っていることです。

『三十二番職人歌合』では農人が、『東北院職人歌合』では商人と海人が入っています。

ということは、この鎌倉、室町以前の世の中では、貴族たちがいて、その下に平民であるすべての職業の人たちがいた、というのが実態だったのではないでしょうか。

　それが貴族社会の崩壊によって民間陰陽師たちが「穢れ」を庶民に広め、そこに新仏教の流行が重なり、一部が原理主義者的な形で「穢れ」を差別化してしまったのです。

　ただし、これが本格化し、身分制度として固定化したのは江戸時代に入ってからでした。それは当然で、戦乱相次ぐ、鎌倉、室町、戦国時代に「死穢」などと言っても笑われるだけだからです。

　次章では、江戸時代に入って変容した「穢れ」について見ていきましょう。

第 2 章

明治維新後も
終戦まで続いた日本の
カーストシステム

◎江戸時代の身分制度

　第2章ではまず江戸時代の身分制度を見ていきましょう。

　江戸の身分制度というと有名なのが「士農工商」です。

　だいたい30代以上の人であれば、学校で習ったことがあるはずです。「武士を頂点とする厳しい世襲制で、一番貧しく辛い生活をしていた農民を上から2番目に置き、一番贅沢をしていた商人階級を最も低くすることで、階級間のガス抜きを行っていた巧妙な身分制度」というようなことを社会科の先生から習ったことがあるはずです。また、「士農工商」の下には穢多・非人というさらに下の階級があって虐げられていたという説明も加わったのではないでしょうか。

　しかし、いまこの「士農工商」は学校では教えていません。いまの小学生、中学生、高校生に聞いても「士農工商」を知っている人はごくわずかです。

　なぜ、こんなことになってしまったのでしょうか?

　もしかしたら、過激な人権派が学校教育の内容にまで口を挟んで事実を曲げてしまったのでしょうか?

　もちろん、そんなことはありません。

　実は、近年の研究でわかってきたことなのですが、江戸時代に「士農工商」といった身分制度などなかったのです。

　正確に言えば、「士農工商」という言葉自体はありました。中国古代の歴史書『書経』の中に「士農工商」という文字があったこともわかっています。

　ところが、その意味はというと、「士も農民も職人も商人も、この世に生きるすべての人々」という意味合いでしかなく、身分制度とは

なんの関係もない言葉だったのです。

◎下級武士は被支配者層だった

　現在、学校で教えている江戸時代の身分制度は 「武士」「町人・百姓」「穢多・非人」となります。支配者層としての武士がいて、平民の「町人・百姓」、被差別民の「穢多・非人」がいるという構成です。

　しかし、この教え方も少し問題があります。身分制度というものの本質はもっと単純で支配者層と被支配者層の２つがあるだけです。ここを間違うから、多くの人が身分制度の本質を見抜けないのです。

　江戸時代の支配者層は２つに分けられます。ひとつは門跡などのトップ世襲僧侶や神官などで、これがいわゆる公家にあたります。しかし、その数は人口の0.01％ほどで、ほとんど数には入りません。実質的な支配者層は２つ目の世襲武士で、それでも全人口の３〜４％程度でしょう。

　一方、被支配者層は足軽・中間、郷士などの下級武士が３〜４％、百姓が85％、町人が５％、被差別民が１〜３％となります。全体が正確に100％にならないのは時代や場所によって諸説あって正確なところはわかっていないからです。

　ともかく、江戸時代末期は３〜４％の世襲武士たちが、下級武士や農民、町民、被差別民を支配していたという構図となります。

　ここで注目すべきは、被支配者層には下級武士も含まれていたことです。これがのちの明治維新に関係してきます。

　では、下級武士とはどういう人たちだったのでしょうか？

　よく時代劇などで足軽や中間たちが登場しますが、彼らが下級武士

と呼ばれる人々です。ただし、彼らは正式な武士ではなく、「卒」と呼ばれる一代限りの士分を持つ人々でした（とはいえ、後継者を指名することができたので現実的には世襲でしたが、正式な武士たちとは明確に区分されていました）。

　福沢諭吉の『旧藩情』によれば、下級武士はどれほど才能があっても上級武士にはなれず、特に足軽は下級武士の中でも下で、往来で上級武士に会った時には、たとえ雨の中であっても下駄を脱いで平伏するのがルールであったと書かれています。上級武士の子供は下級武士の大人を「貴様」と呼び捨てにすることができましたが、下級武士のほうは「あなた」と言わねばならないなど、生活様式から言葉使いまで厳しく制限されていました。これは福沢がいた中津藩の話ではありますが、どこの藩もそれほど変わらなかったようです。

　また、郷士は武士を帰農させた人々で普段は農業をしています。各藩によって待遇はまちまちで、土佐藩の郷士は旧主長宗我部家の家臣だった者たちが郷士となり、土佐藩主山内家の家臣団が上級武士になっています。長宗我部家は関ヶ原の戦いで破れた西軍に付いたため、東軍だった山内家の家臣団の下に組み込まれたのです。負けた武士たちは帰農させられ、郷士となります。

　萩藩である毛利家も関ヶ原の戦いで西軍に付いたために、領地を減らされました。中国地方一円だった領地が現在の山口県のみになり、とてもではないですが、家臣団を養うことはできず、大量にリストラし、郷士にしたのです。

　薩摩藩では全人口の４分の１が郷士でした。西郷隆盛も大久保利通も維新に関わったのはほぼ郷士です。幕府との戦いに勝った側の薩摩藩はすべての郷士を維新後、士族に上げました。ですから、薩摩藩では維新後、士族が大量に増えることになります。

34

わりと見落としがちですが、武士階級の中の身分制度、特に上級武士と下級武士の差は歴然としてあったということです。

　このことは分限帳を見ても明らかです。分限帳とは各藩でまとめられた武士の名簿のようなもので、役職や知行、俸禄、席次などが書かれています。ただし、分限帳に載っている武士は役職を持つ上級武士だけで、足軽などの下級武士は掲載されていません。よって、分限帳に載っている武士は全体の２割程度だと言われています。ここでも、下級武士は武士扱いされていないのです。

　雨の中であっても裸足になって上級武士に土下座をしなければならなかったという下級武士。彼らは明らかに被支配者層だったのです。

◎町人・農民たち

　では、町人、農民はどうだったでしょうか？

　彼らは「人別帳」に名前が書かれることによって身分が確定しました。

　百姓たちは「村方人別帳」に、町人たちは「町方人別帳」に名前を記されることで百姓の身分、町人の身分となったのです。

　彼らは世襲制で基本的にはほかの職業につけなかったと言われています。ただし、それはあくまで原則で、百姓の次男三男が子供時代に商家の丁稚として奉公することは当たり前でした。彼らは優秀であれば、番頭になったり、商家の娘と結婚して跡取りになったりするのです。逆に優秀でなければ、すぐに両親のもとに返されてしまいます。

　商売は商人だけのものだったのかと言えば、そんなこともありません。農民は野菜など米以外の作物を自分で売ったりしていましたし、職人たちも自分で売れるものは売っています。生産者と販売者が明確

に分かれていたなどということはなかったのです。

　また、百姓も町人も裕福になれば苗字帯刀も許される上、武士の株を買えば武士になることまでできました。

　これで有名なのが幕臣の勝海舟です。海舟の曾祖父は農民でしたが、武士の株を買って武士になっています。

　農民の年貢も言われていたほど過酷なものではなかったと言う研究者もいます。江戸時代の年貢米は五公五民（収穫の半分を藩や幕府に納める）が通常でしたが、新田開発分は計算に入れられず、実質的には三公七民だったという専門家もいるほどで、むしろ、現代の日本人のほうがよほど過酷な年貢（税金）に苦しめられています。

　なにしろ、現代日本は国税があって、地方税があって、還元されるあてのない年金保険料やＮＨＫの受信料の半強制的な徴収もあります。家や車を買えば、10％の消費税のほかにガソリン税、自動車税、固定資産税などもかかります。収穫の30％で済む年貢のほうが遥かに実質税率は低かったかもしれません。

◎七分の一の命の真偽

　最後に「穢多・非人」に関してですが、彼らへの差別は歴然としてありました。

　それは1859年に起きた「七分の一の命の事件」からわかるとされています。

　どんな事件なのかといいますと、江戸山谷の真崎稲荷で山谷の若者と穢多の若者が喧嘩し、穢多の若者が殺されます。

　これを受けて穢多の元締めである穢多頭弾左衛門が北町奉行所に訴えたところ、穢多の命は平民の命の７分の１だから、穢多をあと６人

殺せば処刑すると申し付けられたというものです。

　この事件は明治時代、独学で部落問題を研究した市井の民俗学者柳瀬勁介氏の著作『えた非人　社会外の社会』（塩見鮮一郎・現代語訳）に初出されたもので、これを前述した明治の民俗学者の喜田貞吉氏が紹介し、大きな話題となりました。

　しかし、現在、同事件は研究者の本田豊氏が疑問を呈しています。

　その著作『戦国大名と賤民』の中で、「（七分の一の命の事件に関して）どのような文献や史料をみても出てこないのです。出てこないということは、事実そのものがなかったとしかいいようがないのです」と書いています。

　つまり、現在は史実かどうかがわからない事件になっているのです。

　さて、なぜ、いまこの話を出したのかというと、江戸時代の穢多・非人を巡る状況はたとえ研究者であっても摑みにくい面があることを理解してほしいからです。その中であえて語るとすれば史実として認定されていることを、なるべく予断を排して載せていくことでしょう。また、そうすることで現代に続く巨大な差別である「政治家の世襲制」もはっきり見えてきます。

◎穢多・非人

　それでは改めて「穢多・非人」について書いていきましょう。

　『百科事典マイペディア』を見ると非人は以下のように解説されています。

　「近世幕藩体制の身分制度において賤民身分として位置づけられた人々に対する身分呼称の一種。出生によるほか、刑罰によるもの（非

人手下）、生活困窮などにより乞食浮浪して非人になるものとがあり、もとの身分に戻る〈足洗い〉の制もあった。（中略）ただし中世の〈非人〉については、身分体系全体のなかにいかに位置づけるか、様々な考え方があり、近世の〈賎民〉との関係についても十分には解明されていない。」

　例えば、江戸時代、身寄りのない人々や飢饉で崩壊した村の元農民、病人などは都市に来て、「物貰い」をしていました。彼らは野非人と呼ばれて問題視されます（もっとも本当に問題視しなければいけないのは飢饉に対応できていない幕府なのですが）。一時、江戸の町には１万人近くの物貰い、野垂れ死に寸前の人々が流入したのです。

　この１万人という数字ですが、１００万人都市だった江戸の１万人ですから相当な数です。

　しかも、江戸全体の土地の面積は約56平方キロメートル（明治２年調べ）で、そのうち武家地が約38平方キロメートルもありました。寺社地は約8平方キロメートル、町人地はわずか約9平方キロメートルしかありません。「物貰い」たちは武家地には入れませんから、寺社地と町人地の合計17平方キロメートルという狭い場所にいたことになります。

　こういった状況の中で、幕府が出した対応策が「非人人別帳」でした。「非人人別帳」は「町方人別帳」などと同じように、非人の名前や職業、住地などを記したもので、江戸に流入してきたホームレスを非人人別帳に記して政府が管理する抱非人としたのです。

　直接管理していたのは非人頭、穢多頭と呼ばれる人々で、いわば、非人たちは政府直轄の公人でもありました。

　実際、彼らは町や村の機構の一部となっており、寺社や市中の掃除や警備、牢の番人などの公的な仕事を専従的に受け持っていたのです。

非人の中には特殊技能を持つ者も多く、役者や大道芸人、座頭、遊女などの遊芸人や、灯芯を作る職人や雪駄を作る職人などもいました。

また、関東と関西では組織が異なっており、江戸では４人の非人頭がいて、その上に穢多頭弾左衛門がいましたが、関西では非人頭、穢多頭のような存在はおらず、歴史的に寺社が統括していました。

非人とは別に穢多と呼ばれる人々もいました。彼らは皮多、皮田などとも呼ばれ、皮革業を生業としていた人々でした。

このほか、地方によって竹細工に長けた茶筌や金属加工に優れた鋳物師やタタラ師、海で生活する漁師である海人、山で生活する猟師である山人などもいました。

現代人の感覚ではなぜ、彼らが差別されるのか、よくわからないところがあると思いますが、完全に為政者の都合です。平民の中で農業に従事していない人を一段低く扱うという感覚は平安の時代からあったのです。日本は米が主食である上、納税の道具でもありましたから、為政者は古来より農業従事者を「おおみたから」と呼んで、ほかの職業の人々と区分したのです。

◎江戸時代が進むに連れてひどくなっていく差別

被差別民への差別は江戸時代が進むにつれてひどくなっていきます。

そのことがよくわかる２つの事件があるので紹介しましょう。

まず、江戸前期ですが、宝永５年（１７０８年）、歌舞伎役者の小林新助が穢多頭弾左衛門とその配下を訴えたものです。当時、歌舞伎役者は穢多頭の配下で、興行を行う時には穢多頭に金銭を支払うのがルールでした。いわゆるショバ代です。

ところが、歌舞伎役者の小林新助はこれを払わずに興行を打った結果、弾左衛門たちに芝居の邪魔をされます。これに怒った新助がお上に訴えたのです。

　さて、通常であれば、こういった訴えは弾左衛門の勝ちでした。穢多頭弾左衛門は江戸を治める上で不可欠な存在でしたので、大抵の場合、幕府は弾左衛門側に有利なお裁きを下していました。ですから、この時も弾左衛門は自分の勝ちを確信していたはずです。

　ところが、お上の出した判決は小林新助の勝訴でした。

　その理由について『弾左衛門と江戸の被差別民』を書いた浦本誉至史氏は「歌舞伎はその頃、大奥や大名にまでファン層を拡大していた」ため、「いつもなら弾左衛門側に立つことの多い町奉行たちまで」小林側を支持したからだと分析しています。この事件ののち、歌舞伎は弾左衛門の支配の手から離れていきます。

　この事件が起きたのは1708年ですから、江戸時代になってまだ100年ほどです。被差別民に対する差別はありましたが、その一方で役者に憧れ、支持する人々もいたのです。

　では、江戸後期はどうだったのでしょうか？

　それについても注目すべき事件がありました。

　非人の中に乞胸（ごうむね）と呼ばれる人々がいました。彼らは神社や祭りなどで芸を行う大道芸人たちです。

　しかし、彼らは1650年代つまり江戸が出来たばかりの頃は町人扱いでした。というのも、乞胸という職業を作ったのは長嶋礒右衛門という浪人だったからです。浪人とはいえ、れっきとした武士の長嶋礒右衛門がなぜ大道芸をやっていたのかと言えば、食い詰めていたからです。戦乱が終わり、藩から捨てられた武士たちが長嶋のもとに集まり、寺社の境内や空き地で見世物芸を披露して、糊口をしのいだので

40

す。

　しかし、見世物はもともと非人の管轄ですから、非人頭の車善七が町奉行所に苦情を入れます。奉行所はこれを受けて、浪人たちを士分から町人にし、大道芸をしている際は非人扱いにするということでまとまります。この頃の奉行所はかなり柔軟に対応していたのです。

　ところが、それから約200年後の1843年（天保14年）、幕府は「乞胸は非人であるから浅草龍光寺門前に全員移住せよ」と突如命じます。

　普段は町人扱いだった乞胸たちは江戸市中の至るところに住んでいましたが、この後は非人として非人居住地に住めということです。

　これを命じたのは江戸幕府お抱えの儒者林家出身の鳥居甲斐守です。儒教の教えを愚直に守る鳥居にとって、普段は町人で、大道芸をしている時だけは非人というグレーゾーンの身分を放置しておくのは耐え難かったのでしょう。

　ともかく、龍光寺門前に集まれば非人という身分が確定します。集まらなければ、今後、大道芸はできません。乞胸たちはどちらを選ぶかの選択を迫られたわけですが、結局、非人となることを選んだのは全乞胸749人中300人ほどでした。

　江戸時代の前期と後期では被差別民に対する対応は明らかに違っていたのです。

◎明治維新のマッチポンプ

　さて、江戸時代の身分制度を俯瞰して見てきましたが、たぶん、このレベルでも初めて知ったと感じる人も多いのではないでしょうか？

　それほど日本では差別を語ることがタブー視されてきたということです。

そして、これを受けた上で、私たちは明治維新というものを改めて見ていかなければいけないのです。なぜなら、差別と明治維新というのはとても密接に絡み合っているからです。

　明治維新と差別の関係について最も問題視しなければならないのは「士農工商」という身分制度を創作したことです。

　すでに、この章の最初で書いていますが、「士農工商」という身分はこの世には存在しませんでした。存在していたのは「武士」「町人・百姓」「被差別民」というものです。

　では、なぜ、実態とはるかに乖離した「士農工商」が江戸時代の身分制度として固定化されてしまったのでしょうか？

　その答えは明治政府にあります。明治政府のスローガンには「富国強兵」「殖産興業」といろいろありますが、「四民平等」というのも、そのひとつでした。江戸時代から続く、士農工商の身分制度を廃止し、農工商が平民として対等となり、苗字も許される近代的な時代が到来したことを広く世間に知らしめるための言葉でした。

　しかし、さきほどから説明しているように、江戸時代に「士農工商」という身分制度はありません。言葉としてはあっても、それは儒学者が時折使う儒教の世界の中の言葉で、その意味にしても、「世間にいるすべての人々」でしかなかったのです。

　つまり、明治政府は、もともとなかった身分制度をあたかもこれまであったがごとく言いつのり、それを自分たちの手で壊して、四民平等を実現させたんだ、と言っていたのです。完全にマッチポンプでした。

◎四民平等の正体

　しかし、なぜ、そんなことを明治政府は行ったのでしょうか？

　理由は簡単です。明治維新を進めた志士たちの身分が低かったからです。

　伊藤博文、山県有朋、大久保利通、西郷隆盛、井上馨といった維新の立役者たちは江戸時代の階級で言えば、郷士や足軽や卒で、武士階級から見れば士の身分にも入らない者たちです。よって、彼らは江戸時代の身分制度が続く限り、重要な地位にもつけませんし、さまざまな特権にもありつけません。

　そこで維新の志士たちが画策したのが階級の破壊でした。

「士農工商」という江戸時代にはなかった身分制度を創作し、これを破壊するという名目で、武士階級の中の身分制度である上級武士、下級武士の垣根を払ったのです。

　そして維新の元勲たちは階級の破壊に成功し、最終的に華族にまで上り詰めます。華族といえば、元公家や元大名たちの階級です。そこに、元足軽、元卒、元郷士がなるというのは10階級以上のランクアップと言っても過言ではなかったでしょう。

　その一方で、かつて自分たちをこき使った上級武士たちは平民に落としてしまいます。これが四民平等の正体です。

「四民平等」は庶民のためではなく、彼らが最も欲しかったものなのです。

　四民平等というスローガンは、その本質を知れば知るほど利己的で身勝手なものでした。士農工商という江戸時代にはなかった身分制度を創作し、それを自分たちで壊す一方で、仲間内を最上位の華族にし

て国を我がモノとしたのです。

　なによりひどいことは「四民平等」のスローガンの裏で、差別を助長していたことです。

　明治4年、明治政府は「穢多非人ノ称ヲ廃シ身分職業共平民同様トス」とする「解放令」を布告します。被差別民であった穢多と非人を平民にするというものでした。

　多くの歴史書ではこの解放令が四民平等となる端緒となったとされていますが、実はこの法令は公布"即日"施行という考えられないものだったのです。

　通常、法律は、公布してから施行するまでに数年間の猶予を置きます。法律が変わることによる混乱を避けるためです。それが身分制度の撤廃であればなおのこと慎重には慎重を期す必要があります。ところが、明治政府は被差別民の解放令を布告と同時に施行したのです。大きな混乱が起きるのは当然でした。

　実際、民部省の杉浦譲、前島密ら旧幕臣たちは「混乱が起こる」として即日施行に大反対していました。しかし、大蔵省の大久保利通、伊藤博文ら維新派が即日施行を強引に進めてしまったのです。本来、解放令は民部省の管轄なのですが、民部省と大蔵省が統合され、大蔵省主導でかなり乱暴に進められたのがいわゆる明治4年の解放令だったのです。

　結局、この解放令がもとで明治10年までの約6年間で21もの解放令反対一揆が起こっているのです。数千人から多い時は6万人を超える大一揆となって、多くの命が失われました。明治政府が本当に四民平等を考えていたのであれば、絶対に段階を踏むべきだったのです。

　しかし、大蔵省の大久保たちには早く解放令を出さなければならない裏事情があったのです。

◎大久保たちの本当の思惑

　大久保たちが一刻も早く解放令を出さなければいけない理由は財政の逼迫でした。

　そもそも明治政府は徳川幕府から財産を引き継いでいません。戦争で作った莫大な借金だけがそのまま残ってしまった上、日々、政府を運営していく、財源を作っていかなければなりません。そのために少しでも税収を増やしたい大久保ら大蔵省官僚が目をつけたのが被差別民でした。

　実は江戸時代からずっと彼らは無税だったのです。といっても正当な理由がありました。江戸幕府に代わって、町の掃除や弊牛馬の処理をしていたのです。町の警備をし、牢の番人をし、処刑場でのさまざまな仕事を無収入でやっていた彼らは、温情で無税にしてもらっていたわけではありません。正当な対価として無税だったのです。

　ところが、目先の増税にしか興味がない大蔵省の大久保利通らは、四民平等という口当たりのいい言葉を使って彼らの職を奪い、町に放り出します。しかも、税金を払えと言い出したのです。

　百歩譲って、本当に税収が足りないのであれば、それも仕方ないのかもしれません。しかし、明治政府には金がありました。明治４年から約２年に渡って、総勢107人の岩倉使節団が世界一周旅行をしています。その金があれば、いくらでも日本の立て直しはできたはずです。手厚い形で解放令を進めることは可能だったでしょう。

　ところが彼らは、それはしないのです。旅行が優先なのです。

　しかも、新政府は、明らかに差別を助長することをしています。それが「新平民」という言葉です。穢多・非人から平民になった人間に

対して、明治政府は戸籍（壬申戸籍）に「新平民」と書いたのです。

これのどこが差別の撤廃なのでしょうか？

解放令を即日施行にしたり、新平民と書いたり、本当に公平な世の中を希求するのであれば、考えもしないようなことを次々と行っています。

本当に彼らは平等を考えていたのでしょうか？

差別と戦う気はあったのでしょうか？

◎長州たちは本当にリベラルだったのか？

少し前の歴史書や歴史小説を見ると明治維新の立役者は、自由を希求した、当時の日本では珍しいリベラルな考えを持つ人々だったとされています。

特に高杉晋作が作った奇兵隊は、農民や町民で編成されたことが高く評価され、奇兵隊を作った長州なのだからこそ、自由な世の中を実現できたのだと言われるほどです。

しかし、その割には明治政府の政策には首をかしげたくなるものが多々あります。さきほどの解放令のやり方はその代表でしょう。

一体、差別に対する彼らの本音はどこにあったのでしょうか？

これを理解するには幕末時代の長州や奇兵隊の行動を改めて検討してみる必要があるでしょう。

まず奇兵隊ですが、わりと多くの人が誤解している点として、奇兵隊はひとつだったと思っていることです。

長州では奇兵隊のほかにも町人、農民の混成部隊がいくつも作られていたのです。有名なところでは遊撃隊、御楯隊、報国隊などで、こ

れらは下級武士を中心に農家の次男や三男、商家の次男、三男が集結した部隊で「諸隊」と呼ばれていました。彼らは苗字帯刀が許され、長州征伐、戊辰戦争の際によく活躍したことで知られています。

　奇兵隊は「諸隊」を象徴する隊ではありましたが、あくまで高杉晋作がまとめた「諸隊」の中の一部隊だったということです。

　なぜ、わざわざ、こんなことわりを入れるのかというと「諸隊」の数は多く、それぞれに特徴を持っていた部隊も少なくなかったからです。

　例えば、力士ばかりを集めた力士隊もあり、のちの伊藤博文となる伊藤俊輔が率いています。猟師だけを集めた猟師隊というものもありました。豪農が組織したエレキ隊などもあったのです。

　中でも活躍したのが維新団と一新組、山代茶筅中（兵站部隊）でした。彼らは被差別民によって構成された部隊として異彩を放っていました。

　明治時代の官僚、天野御民がまとめた『諸隊編製』によると、維新団は4小隊を組んで遊撃隊に隷属し、長州征伐（四境戦争）では芸州口を守っています。一新組は御楯隊に付属して芸州戦に挑みましたが、彼らの司令官になるのを嫌う者が多く、冷泉雅二郎が指揮を執りました。この時、大伍長となった時政亀蔵が富豪で、一新組を組織する際には「千金を抛てり」と天野御民は書いています。ちなみに、一新組の司令を務めた冷泉雅二郎がのちの天野御民です。

　彼らは戦場で獅子奮迅の働きをしています。

　萩藩の重臣、浦靫負はその日記『浦靫負日記』に「熊毛垣の内穢多、人数百七拾人くらい、遊撃軍の先手え罷り出、殊に強壮の者ばかりにて、敵中え何の支わりもなく入り込み働き、高名仕り候の事」

　と記して、高く評価しています。彼らは最も危険な先陣を引き受け

ていたのです。

　彼らの戦いぶりは江戸にも伝わっており、幕府開成所の教授たちが作った幕府内の極秘報告書『新聞薈叢』にも、

「長賊等穢多非人を集め、兵隊を組立たるよし、井伊・榊原を破りしは即ちこの穢多隊なりと云う」

　とはっきり書かれています。井伊、榊原は徳川四天王と言われた徳川家の側近中の側近です。彼らはそんな猛将たちを破るほど大活躍したのです。（詳細は、布引敏雄著『長州藩維新団　明治維新の水平軸』を参照ください）。

◎長州の差別意識

　一方、長州の武士たちは彼らのことをどう見ていたのでしょうか？

　前述したように萩藩の重臣で倒幕派だった浦靫負は高く評価し、冷泉雅二郎もそうでした。

　一方で、評価していない人たちもいます。

　例えば、維新団、一新組、山代茶筅中のほかにもうひとつ、上関茶筅隊という隊があったのですが、1866年に仲間であるはずの第二奇兵隊の弾圧によって解体させられています。せっかくあった部隊を解散させるほど被差別民部隊の存在を嫌っていた人たちもいたのです。

　1864年にはこんな理不尽なことも起きています。

　奇兵隊隊士の河内市之助が、奇兵隊幹部の南野市郎によって処刑されたのです。理由は河内が"宮番"という身分を隠して入隊していた、というものです。宮番とは神社の掃除や警備を担当する被差別民のことです。河内は被差別民だったという理由だけで殺されたのです。

　奇兵隊と言えば、高杉晋作が作り、監督していた隊です。そこでこ

んなことが起こったわけですから高杉は激昂しただろうと現代人の私たちは想像してしまいます。

なにしろ、高杉は「見渡せば穢多も乞食もなかりけり吉田の里の秋の夕暮れ」という有名な句を残しています。被差別民もなにもない、平等な社会を高杉は望んでいた、と言われる所以です。

しかし、実際は違いました。事件の翌年、高杉は御楯隊総管、太田市之進らに送った檄文「討奸檄」の中でこう書いています。

「藩主攘夷の事を謀るや、生謂らく今日の国勢に当り、肉食の士人等皆事に堪へず、故に藩主に乞ひ、新たに兵を編せんと欲せば、務めて門閥の習弊を矯め、暫く穢非の者を除くの外、士庶を問はず、奉を厚くして専ら強健の者を募り、其兵を駆するや、賞罰を厳明にせば、縦之凶悪無頼之徒と雖も之が用をなさざるといふ事なし」

"暫く穢非の者を除く"とあります。最初から高杉は穢多・非人を仲間に加える気はなかったのです。

さらに、高杉は功山寺の決起の際、幕府に恭順するよう説得する第３代奇兵隊総管赤禰武人を痛烈に批判します。

「君等ハ赤禰武人ニ欺瞞セラレタル者カ抑武人ハ大島郡ノ一土民ノミ何ゾ国家ノ大事両君公ノ危急ヲ知ル者ナランヤ君等ハ予ヲ何ト思フヤ予ハ毛利家三百年来ノ世臣ナリ豈武人カ如キ一土民ノ比ナランヤ」

要は、"赤禰武人は士族ですらない土民であり、自分は毛利家三百年来の臣下である。赤禰ごときに国家の大事、藩公の思いはわからない"と言っているわけです。

高杉の土民発言の真意がどこにあるのかわかりませんが、赤禰はか

49

つてともにイギリス公使館焼き討ちを行った仲間です。いくら身分が違うからといっても、仲間に対して土民呼ばわりはないでしょう。

　結局、高杉が目指していたものは新しい武士の世の中だったのです。徳川幕府を倒し、毛利幕府を打ち立てることを夢見ていたのでしょう。でなければ、国家の大事、君公の危急とは言わないはずです。これは国家＝君公だと思っているから出る言葉です。

　最後にもうひとつ、「見渡せば穢多も乞食もなかりけり吉田の里の秋の夕暮れ」の別解釈を紹介しましょう。研究者の前田朋章氏の論文『幕末における長州藩部落民諸隊の活動』からの引用です。

「（この句は高杉の）差別意識の不在を証明するものではなく、完璧なまでに差別意識を持っていたことが明らかである。「吉田の里」は奇兵隊の陣屋があった所の地名で、奇兵隊には穢多も乞食もいないんだと高杉は言いたいのであろう」

　読みようによってはまったく反対の意味になるのです。

　また、桂小五郎ことのちの木戸孝允についても前田氏は以下のように指摘しています。

「高杉同様、木戸孝允にも差別意識は存在しており、八・一八政変の衝撃をうけ、『生死ハ不及申乞食ト相成候トモ穢多ト相成トモ二州丈ヶ之勤王之思食灰ト相成候テハ決テ不相済』というように、差別感は如実にあらわれている」

　考えてみれば、高杉が奇兵隊を作る時、木戸が維新を進める時、農民や町人、被差別民を解放したいとは一言も言っていないのではないでしょうか？

　彼らはいまの武士たちよりも農民町人のほうがよほど使える、戦力

50

になると言っているだけです。高杉の檄文「討奸檄」にも「賞罰を厳しくすれば、無頼の徒であっても役に立つ」と書かれています。

　もっと言えば、萩藩の幕末の改革者で、高杉・木戸らの一世代前の家老だった村田清風も攘夷に際しては「戎狄（外国人）は犬猫に比すれば雑戸の者に当たらすべし」と発言しています。犬猫のような外国人の相手は犬猫のような雑戸＝被差別民にやらせればいいと。

　実際、維新で死んでいった人々の多くは戦後、招魂社（現在の靖国神社）に祀られましたが、維新団、一新組の戦死者は招魂場に埋葬されず、招魂社にも名前を記載されていないのです。

　萩藩は、その昔から危険な仕事は被差別民にやらせればいい、使い捨てにすればいいと思っていた可能性が極めて高いのです。

◎故郷の村で首を切り落とされた隊士たち

　維新後の諸隊の処遇を見れば、萩藩がいかに人を使い捨てにしたかがわかります。

　倒幕がなり、明治政府が樹立されると諸隊は萩藩に戻ります。維新の実際の立役者である隊士たちは命を懸けた戦いが報いられることをいまかいまかと期待していました。

　ところが、旧萩藩こと山口藩では5000人を超える諸隊の帰還は迷惑でしかありませんでした。戦争が終わった世の中に兵士は用済みです。それどころか、財政を圧迫する邪魔な存在でしかありません。

　山口藩が最初に行ったのは40歳以上の兵士と戦傷者のリストラで、彼らにはお情け程度の報奨金が与えられただけでした。その一方で、旧上級武士たちにはたっぷり恩賞を与えます。これによって隊士の中に不満を持つ者が多数現れます。

そんな最中、山口藩は隊士たちを明治の新政府に献上します。これは体のいい厄介払いです。押し付けられた新政府のほうでも約1500人を常備兵として雇っただけで、それもすべて上級武士ばかりという対応でした。最も働いた農民や町人およそ3000人はなんの論功行賞もなく、お役御免にされようとしていたのです。

　この措置に怒った隊士たちは隊舎から脱走し、山口藩に反旗を翻します。彼らは交通の要衝である宮市や三田尻を占拠し、山口藩知事の毛利元徳が慌てて説得するも事態は収まりません。

　脱退隊士たちは「解雇した隊士たちの生活の保障及び不正に報奨を貰った上級武士たちの処分」を求めます。藩は事ここに至ってやっと解雇された隊士たちの生活保障と、不正隊士の処分を行ったのです。

　しかし、すでに藩に対する信頼を失っていた隊士たちは山口藩打倒を決意し、藩庁に攻め入って占拠します。

　これに対して明治政府は木戸孝允率いる政府軍を派兵、一説によれば7万発以上の銃弾を撃ち込んで脱退隊士たちを降伏に追い込んだのです。

　首謀者35名が斬首され、遺体は刑場脇の井戸へゴミのように投げ込まれたといいます。

　残党狩りも執拗に行われ、最終的には133人がさらし首にされます。そのやり方は残酷で、わざわざ処刑される者たちの生まれ故郷の村まで行って首を切り落としたのです。故郷のために戦うと言って村を出た人間を、生まれ故郷で処刑し、さらし首にする。これが一緒に戦争を戦った人間のすることでしょうか？　四民平等をうたう政府のすることでしょうか？

　どう見ても自由や平等とは程遠いのが明治政府のやり方でした。ともに戦った故郷の人間にすらこれだけ冷たい仕打ちをするのです。そ

んな人たちが行った四民平等や解放令が心無いものだったのは当たり
前でしょう。

◎江戸時代以上に激しい差別意識

　ここで再び、「士農工商」の話に戻ります。江戸時代に「士農工商」
はなかったという話はすでにしましたが、さらに明治政府は罪なこと
をしました。それは「士農工商穢多非人」という言葉まで作ってしまっ
たことです。この言葉は明治7年に明治政府が発行した広報誌の中で
初めて使われたと『筑前竹槍一揆論』という書籍には書かれています。
「士農工商」のさらに下に穢多非人が位置するというイメージをこの
言葉は作り出してしまいました。

　もともとありもしなかったカースト的身分制度と、さらにはアウト
カースト的なものを、明治政府は作り出してしまったのです。

　たぶん、意図したものではなかったでしょう。彼らがもともと持っ
ている無意識の差別感覚がそういう表現を生み出したのです。

　しかし、それゆえに余計に罪が重いのです。彼らによる杜撰な「解
放令」と、無意識の差別意識が四民平等どころか、江戸時代以上に厳
しい差別意識、差別感情を人々の間に作ってしまったのではないかと
思えてならないのです。

　もちろん断定的なことは言えません。しかし、ある意味、差別がひ
どくなってしまったのは明治政府になってからの可能性もあるという
ことです。

　例えば、解放令の公布即日施行は、百姓、町人と被差別民の関係性
を一気に悪化させてしまいました。

　段階を踏んでいけば、そして、被差別民たちから突如、仕事を奪っ

たりしなければ、人々が殺し合うまで憎み合うことはなかったのではないかと思えてなりません。

　その証拠のひとつとして挙げたいのが、『早稲田文学』1905年第5号に掲載された民俗学者の柳田國男氏による「島崎藤村『破戒』を評す」という寄稿文です。

　まず、島崎藤村の『破戒』の説明をしておきましょう。元穢多の親を持つ青年・丑松が、その出自ゆえにたどる苦悩を描いた小説です。この小説は当時、その内容ゆえにセンセーションを巻き起こしました。夏目漱石は「日本の宝だ」といった感想を述べているほどですが、柳田はまったく別の感想を持ったようです。

「（『破戒』で描かれている差別の描写について）新平民と普通の平民との間の闘争があまり劇し過ぎるように思う。信州の穢多は別に研究したことはありませんが、私が他の諸地方で多少観察した所から言えば、このような非道い争いはない、よほど事実から遠い（中略）宿屋から「大日向」を追い出す時に皆で「ざまあみやがれ」というなどは、あんなことは実際なかろうと思う。主人公の叔父夫婦が抱いている世の中に対して一般の不安の念というようなものは持っているかも知れぬが、少なくとも若い階級の者すなわち「丑松」のような者にはこのような考えはなかろうと思う。現にこの中にある生徒が、先生が新平民であったと分かってもそれでも構わぬという位で、ちょうどこの辺りの程度でしょう。（後略）」

『遠野物語』の作者でもある柳田は、丹念なフィールドワークで知られた日本有数の民俗学者です。その柳田は一時期、穢多部落を研究対象にしています。百を超える部落を実際に訪れて取材しています。

　その柳田が「よほど事実から遠い」と断言しているのですから、た

ぶん、こちらが正しいと私は思います。

　つまり、明治４年の解放令を丁寧に行えば、四民平等は実現できたかもしれないということです。杜撰な解放令によって大きな一揆が頻発したあとでさえ、人々は柳田の言うように打ち解け合うようになっています。それを壊してきたのは明治政府の無意識の差別意識であり、そこになんの検証もせずに、小説『破戒』のようなものをつい評価してしまう人々なのです。しかし、人々が評価しまうのも致し方ないでしょう。なにしろ、夏目漱石ですら、そうなってしまったのですから。

　やはり、一番の問題は解放令の公布即日施行であり、明治政府なのです。

◎最も罪な貴族院

　明治政府の差別観、人間に対する冷たさをこの章では見てきましたが、そんな彼らによって行われた最も罪なことは貴族院を作ったことだと私は思っています。

　貴族院とは華族だけが議員となれる完全世襲制の上院のことです。非公選であり、基本的には終身議員でした。華族外からも帝国学士院会員と高額納税者からも議席を与えられましたが、合わせても50名から60名程度でしたので、250名から400名の貴族院で投票しても意味はなく、あくまでも社会貢献により名誉貴族扱いになるという程度でした。

　日本国憲法下の戦後の内閣総理大臣は衆議院議員ですが、大日本帝国憲法下では内閣総理大臣はほとんど貴族院議員から選ばれました。戦前の日本のルールは貴族院の議員だけが決めていたと言っても過言ではなかったのです。

そして、その貴族院を牛耳っていたのが長州閥でした。

さて、「はじめに」の部分でも書いていますが、生まれによってすべてが決まってしまう世界が差別社会です。

そして、その差別社会を固定化するのが世襲制です。

何度も言いますが、世襲制は差別なのです。

私たち日本人はどうしてもそのことに気づきません。世襲に対して甘く考えてしまいます。

しかし、世襲制があるから私たちはいつまでも不公平なままなのです。

世襲の国会議員たちは国民のことなど顧みません。実際、明治の貴族院が国民を顧みた政治などしていましたか？

明治時代はほとんどが戦争の時代でした。幸いにも戦争に勝っていたから日本は大日本帝国へと成長することができましたが、それは同時に国民が戦争で死んでいくことを容認する政治でした。日露戦争の二百三高地を見てください。勝ったとはいえ、戦場には日本人兵士たちの屍が累々と積まれていました。

やっていることは奇兵隊と同じです。「戎狄（外国人）は犬猫に比すれば雑戸の者に当たらすべし」をずっとやってきているのです。

それは第二次世界大戦でも一緒でした。ガダルカナル島、レイテ島、インパールなどで日本人兵士は何万人も死んでいます。

その一方で、それを命じた人々はのうのうと生きて日本に帰ってきました。

なぜでしょうか？

それは彼らが私たちを支配しているからです。

「そんなバカな」と思われる人がいるのであれば、いまの国会を見てください。大久保利通の子孫であり、吉田茂ともつながる麻生太郎氏

がいて、岸家、佐藤家につながる安倍晋三氏がいます。どれだけ多く
の長州閥が現在の政権に生き残っていることか。

　巻末に「明治から現在まで続く世襲家系図」を掲載しているので、
確認してください。いまでも長州閥支配は続いているのです。だから、
いつまでも民主主義が実現しないのです。

◎いまの国会には民主主義はない

　実際、いまの国会に民主主義はありません。

　なぜなら、三親等以内に国会議員を持つ現職議員は2021年8月10
日現在で全国会議員の約28%にものぼっているからです。

　さらに言えば、首相もこの数十年間、ほぼ世襲議員です。宮澤喜一
氏、橋本龍太郎氏、小渕恵三氏、小泉純一郎氏、安倍晋三氏、福田康
夫氏、麻生太郎氏らは全員世襲議員です。世襲ではないのは菅義偉氏
など数名です。

　しかし、その菅氏にしても組閣人事は大臣20人中12人が世襲議員
という報道があります。安倍内閣も過半数が世襲議員で麻生内閣も過
半数が世襲議員でした。

　大臣の半分以上が世襲議員という事実を私たちはもっと直視しな
ければいけません。例えば、親子三代が国会議員ということは約100
年間国政のトップにいることになります。初代は別にしても二代目、
三代目になれば、国民目線で物事を考えることはほぼ不可能でしょう。

　実際、麻生太郎氏はかつて選挙運動中、有権者を前にして「下々の
人たち」と声をかけたことがありますが、彼らの感覚はまさにこれな
のです。

　私たちは奴隷になったつもりはないのですが、彼らが私たちを勝手

に奴隷扱いし、現実にそうなっているのです。

　なぜ、こんな日本になってしまったのでしょうか？

　その理由は明白で私たちが世襲制に反対しないからです。

　私たちが不幸なのは日本に差別があるからです。

　この差別をいかにして倒していけばいいのか？

　次章ではそれを見ていきましょう。

第3章

現代の差別

◎差別の本質

　第1章と第2章では差別の起源と現代に続く差別の流れを見てきました。これを見てわかるのは、差別は決して自然なものではなく、人によって作られてきたシステムだということです。

　よく、「人間が集団になれば必ず差別は発生する」と訳知り顔で言う人もいますが、それはウソです。歴史をよく見れば、差別は権力者が権力を維持するために意図して作っていることがわかってきます。

　もちろん、自分と他人を比較して異質なものに対する戸惑いから彼我を分ける感情が湧く時もあるでしょう。しかし、それは好き嫌いの話であって身分の上下の話には本来なりえません。

　支配者はこの好き嫌いの感情、人ならば誰もが持つちょっとした嫌悪の感情に身分を貼り付けて固定化することで人を縛るのです。

　こんなものにいつまで従っているのですか？

　権力者が作った自分勝手なルール、自らの支配力の維持のためだけに他人を踏みつけにするルールに従う必要はもうありません。

　何度でも言いますが、世襲制度は差別なのです。

　王は王のまま、平民は平民のまま、被差別民は被差別民のままであれば、支配層は未来永劫安泰です。つまり、差別の本質は現状維持なのです。

　だから、カースト制度にしても、明治政府が作った華族階級にしても世襲制なのです。儒教の長幼の序もそうです。年上を敬うことは人として自然な感情なのに、それをルールで固定することで身分制度を作り出しています。

　生まれや年齢差は死ぬまで絶対に変わりません。それをすべての基準にすることで永遠に変わらないルールを作る。これこそが差別の源

なのです。

　だから、政治家たちは世襲をやめないのです。

　どれだけ有権者がやめろと言っても、彼らは「選挙で選ばれた」と言って、平気で権力の座に居座り続けます。

◎日本人は世襲議員を支持していない

　ここで改めて、日本人は世襲議員を支持しているのかどうかを確認してみましょう。

　まず、2009年に『報道ステーション』が行ったアンケートでは「世襲議員を支持する人」は28.2％でした。しかし、「支持しない」は50.3％で過半数を超えています。

　日本財団が2019年に行った18歳以上の有権者に行ったアンケートでも賛成票の倍以上が反対だと答えています。

　であるのに、世襲がなくならないどころか、増えているのはどういうことでしょうか？　それはまさに地盤と看板とかばんの、いわゆる三バンがあるからです。具体的に言えば、世襲議員をかつぐ利益団体が存在するからです。

　日本の世襲政治を研究テーマにした書籍『Dynasties and Democracy: The Inherited Incumbency Advantage in Japan』を2018年に刊行したハーバード大学准教授のダニエル・M・スミス氏も同意見のようです。氏は世襲がなくならない理由として「党や利益団体からの需要」だと言っています。言い換えれば、ある特定の政治家と利益団体だけが儲かる仕組みがある、ということです。これが世襲になっているのであれば、一定の層だけが利益を独占し、支配を続けていくことになります。これを差別と言わずして、なんと言えばいいのでしょ

うか？

　さきほども言いましたが、大久保利通の子孫が2021年9月現在、財務大臣兼副総理をしています。彼らの親族は宮家や官僚、財界につながり、さらにロスチャイルド家にまでつながっているという噂まであります。すでに長州閥というレベルを超えています。

　政治家一族と財閥家、宮家のほとんどが幾層もの絡み合いでひとつの支配層を作り上げているのです。しかもそれが明治維新以後150年間も続いている、ということに私たちはそろそろ気づかないといけないのです。世襲制は身分制度を作るものであり、差別なのだということを。

◎世襲議員の一子相伝の奥義？

　私は本書で世襲制は差別だと強く訴えたいと思っています。だからこそ、奈良、平安の歴史から遡って差別の源の説明をしてきたのです。

　しかし、それでも納得しない人も少なくないのではないかと、私は危惧しています。というのも、日本人はどこかで世襲を容認しているところがあるからです。アンケートで世襲議員には反対しても、「○○の御曹司」「○○の遺伝子」というものになぜか甘いのです。どこかで期待してしまう感情すらあるように思えてなりません。「世襲だからと言っても能力があれば問題ないじゃないか」「逆に世襲だからこそ、親から子へと伝えられるものがあるんじゃないのか」こんなことを言う人たちがあとを絶ちません。

　はっきり言います。騙されるにもほどがあります。

　そんなことを本気で信じているから、いつまでも経っても世襲がなくならないのです。

もちろん、親から子に伝えられるものは当然あります。しかし、それは地盤、看板、かばんの三バンであって、長年政治家をやってきたゆえの知恵や魂のようなものではありません。

　これは私が言っているわけではなく、雑誌『リベラルタイム』（2016年9月号）の「永田町戦後史」というコラムで元読売新聞政治部記者の高橋利行氏が“一子相伝の奥義”として紹介しているのです。

　その奥義とは建設大臣時代の河野一郎氏（元外務大臣河野洋平氏の父、現行政改革担当大臣河野太郎氏の祖父）が息子の洋平氏に伝えた政治家としての秘訣です。

　ある日、一郎氏が息子洋平氏を連れて地元の道路建設の現場を視察していた際、「今年はここまででであとは来年度にする」という指示を出しました。それを聞いた洋平氏が「なぜ今年度中に最後までやらないんですか」と尋ねると、一郎氏は「最後までやろうと思えばできる。だけど、それをやってしまったら地元はそこで喜んで終わり。今年はここまで、来年はここまでと毎年引っ張ることで票につながるんだ」と答えたというのです。高橋氏はこれを、

「道路予算で票を買うという、その発想はいかにも自民党らしいが、いま、その当否は問うまい。それが現実政治なのである。そういうデリケートな有権者心理を教えたり、表にはしにくいカネの集め方、使い方、クリーニング等は『部外秘』である。よほど信頼し合っている後継者にしか伝えない。田中角栄が『軍団』と畏怖された派閥に伝承した極意のひとつでもある。昔風にいえば、一子相伝の奥義書のようなものなのである」

　世襲で伝えられる知恵と言ってもこういった選挙対策の話に過ぎないようです。

　もしかしたら、「もっと素晴らしい知恵があるのかもしれません」

と言う人もいるでしょう。しかし、本当にそんなものがあり、代々伝わっていったのであれば、日本はもっと良い国になっているでしょう。現実は失われた20年と言われるほどのマイナス成長の経済であり、増税の連続であり、広がる所得格差です。

　再び、断言します。国会議員の父から息子に伝えられる、政治家としての心得や秘訣は前述した地盤、看板の継ぎ方であり、選挙に勝つためのものです。世襲を正当化し、世襲を続けるための知恵に過ぎません。本書執筆の時点では、自民党総裁候補4人の内、岸田文雄氏、河野太郎氏、野田聖子氏の3人が世襲で父と祖父が国会議員を務めています（野田氏は国会議員の祖父の養子という形で姓を継承）。高市早苗氏はご本人は世襲ではありませんが、元夫が自民党現役の重鎮、山本拓氏ですから世襲と本質的に変わりません。ですから総裁候補は事実上全員世襲と言うことになります。（のちに岸田氏が勝利）

◎Dynasties 王朝政治

　では、世界的に世襲制を見たらどうでしょうか？

　国会議員の世襲制は世界のどこにでもあります。アメリカではブッシュ家の父と息子が2代に亘って大統領になっています。日本だけが異常な環境、差別的な環境というのは早計かもしれません。

　ですので、再び、ハーバード大学准教授のダニエル・M・スミス氏の著作『Dynasties and Democracy: The Inherited Incumbency Advantage in Japan』を見てみましょう。彼によれば、世界中に世襲議員はいるとのことでした。

　しかし、日本の場合その人数が多すぎるようなのです。ドイツ、アメリカ、イスラエル、ニュージーランドなどの下院の世襲率について

調べたところ1995年から2016年までの間で、ドイツの世襲議員率は2％未満。比較的多く感じるアメリカでも6〜8％でした。他の先進国もおおむね10％未満です。

　ところが、日本の場合は違いました。衆議院議員の実に25％が世襲だったのです。彼はこの状態をDynastiesつまり王朝と呼んでいるほどです。外国人の目から見れば、日本の政治は王朝制政治にしか見えないのです。

　また、世襲のメリット・デメリットについては『中央公論』（2019年3月号）のインタビューでもスミス氏は語っています。

　まず、メリットは「現職議員が有能であればその子供も能力を継いでいる可能性が高い」「現職議員の質の向上につながる」「地域の利益を優先して政治活動を行うため選挙区にもたらす利益は大きい」「世襲候補が女性であれば政治参加の機会が増える」という4つでした。

　最初の2つのメリット「子供が能力を受け継いでいる」＆「質の向上」の点は「失われた20年間」という言葉があるという時点でまったく機能していないことがわかるでしょう。日本経済はずっと右肩下がりを続けています。もしも受け継いでいるのであれば、それは負の連鎖であり、一刻も早く断ち切るべきものです。

　3つ目の「地域の利益」は地元への利益供与による不正につながりかねないものですから、これをメリットに挙げるのは考えものです。4つ目に関しては機能している可能性が高いです。しかし、そもそも世襲を使うというのはアンフェアですので、私はこれをメリットとは考えたくありません。

　続いて、デメリットですが、「先ほど、世襲は議員の質の向上につながる可能性があると言いましたが、逆も真なりです」とスミス氏ははっきり指摘しています。

「世襲議員は地盤、看板、かばんが簡単に手に入ります。それを得るために競争したり、努力したりした経験がありませんから、政治家という仕事にそれほど思い入れがない議員もいるのです。政治家の子どもは概して裕福ですし、辞めても仕事に困らないので、地位に執着する必要がないからです。他国と比べて日本の首相の平均在職日数は極めて短いですが、難局を乗りこえられず一〜二年で退陣した首相の多くが世襲議員です」

　難局を乗り越えられず、途中で責務を投げ出した首相として有名なのが、ともに世襲の福田康夫氏と安倍晋三氏です。

　安倍氏は2007年9月、臨時国会が開会し、所信表明演説を終えた直後のタイミングで体調不良を理由に辞任し、福田氏は2008年9月の臨時国会直前に「先の国会では、民主党が重要な案件の対応に応じず、国会の駆け引きで審議引き延ばしや審議拒否を行い、その結果決めるべきことがなかなか決まらない事態が生じた。今度開かれる国会で、このようなことは決してあってはならない。そのためにも態勢を整えた上で、国会に臨むべきと考えた」と言って辞任しています。各マスコミからは政権投げ出しだと散々叩かれています。

　安倍氏も福田氏も政界のサラブレッドと言っていい存在です。しかし、2人とも議会が始まってすぐの体調不良で政権を投げ出したり、議会の開会直前に「民主党が重要な案件の対応に応じない」と言って泣きを入れて辞めています。

　こんな無責任極まりない辞め方を一国の首相が平気でやってしまうことに世襲議員の甘さ、弱さがあるのです。

　さらにスミス氏は世襲のデメリットについて指摘します。「政治家一族以外の人々が政治に参加することが阻害されていること。民主主義の観点から大きなマイナスであり、特定のファミリーの利益を守る

ために政治を行えば、汚職や腐敗につながる」

　結局、世襲制というものは、メリットらしいメリットはなく、その一方で、デメリットはアンフェア、腐敗、怠慢、無責任といった最悪のものです。特定のファミリーだけが潤うカースト制度と言っても過言ではないものなのです。

　これが、スミス氏が日本の世襲制をDynastiesと名付けた理由でしょう。外から見てもこの仕組みは支配層と被支配層に分けられているようにしか見えないのです。

◎選挙を前にして世襲を擁護する世襲議員たち

　ところで2009年に自民党が与党から野党に転落した際、世襲政治の批判が盛り上がりました。世襲政治を批判する書籍の多くもこの年に出されています。

　この年、最も世襲反対の急先鋒だったのは2021年9月現在の首相である菅義偉氏でした。

　選挙対策副委員長だった菅氏は世襲政治の制限を実現させるべく勢力的に動いていました。

　盛んにマスコミの取材に応じて「世襲は自民党を弱体させる。いますぐやめるべきだ」「世襲を認めれば特定の人間や団体を大事にする党だと思われる」と熱く語っています。小泉純一郎元首相に対しては「世襲のくせに改革者を気取るな」とまで言っています（『週刊文春』7月29日号）

　ところが、その菅氏が昨年、首相になると20人の閣僚中12人が世襲議員という報道です。秋田から集団就職で上京し、一から叩き上げてきた政治家ですら、この状況なのです。2009年時には「世襲禁止

には反発があるだろうが、絶対に成し遂げる」と断言していた菅氏もすっかり世襲擁護派にまわってしまったのです。

　そんな状況下で今年（2021年）、国政選挙が行われようとしています。この選挙は反世襲選挙になるとも言われていましたが、マスコミの反応は鈍いようです。

　本書が出る頃には大きな話題になっていることを願っていますが、7月の段階で朝日新聞では、

「（前略）前回17年衆院選で、自民党の当選者のうち世襲は83人で全体の29％。そして今、以前は世襲批判の急先鋒（きゅうせんぽう）だった菅氏の内閣に、麻生太郎副総理兼財務相、河野太郎行政改革相、小泉進次郎環境相ら多くの世襲議員が名を連ねる。民主党の流れをくむ立憲民主党も、荒井聡元国家戦略相（北海道3区）の後継に長男を擁立する。

　各党には、かつての議論を思い起こし、今度こそ本気で世襲制限を検討してほしい。形だけの公募を抜け道にしてはいけない。同一選挙区から立候補を望む者がいるなら、予備選を行うのも一案だ。党員に限らず、一般の有権者に投票を認めてもいい。政党の知恵が試される。」
（朝日新聞2021年7月26日付け）

　という程度であまり強い書き方ではありません。

　記事でも指摘しているようにいまや「公募は世襲の抜け道」になっています。これは大問題ですが、政治家たちは逆に、「公募」したのだから「禊ぎ」は済んだという意味として捉えています。つまり、政治家自身も「世襲」が「穢れ」であることを理解しています。

　一方、自民党の二階俊博幹事長（当時）はどうでしょうか？

　氏は7月20日の記者会見で「世襲だから良い、世襲だから悪いということはない。名前が売れており、条件が良いということもあるだ

ろうが、人物が良いかどうかで最終決定している」と語ったようですが、それはそう答えるでしょう。

　二階氏は長男の俊樹氏を自分の秘書にして政治を学ばせ、2016年に地元和歌山の御坊市市長選に出馬させています。自らの地元に加え、その選挙運動には人気者の小泉進次郎氏まで呼んで応援演説をさせています。ですから余裕のトップ当選と思いきや、一説によれば惨敗したと伝えられています。二階氏の父親も県会議員でしたから、二階氏は最初から世襲を是としているわけです。そういう人の「人物が良いかどうかで最終決定している」という言葉に重みを感じることはできません。

　また、この記者会見では世耕弘成参院幹事長も発言しています。「厳格な選考手続きで選ばれた方がたまたま前職の親族だったということだ。候補者の職歴や知見をしっかりチェックした上で、選挙に勝てる候補を選んでいるということに尽きる」

　しかし、世耕氏の祖父は元経済企画庁長官の世耕弘一氏であり、伯父は元自治大臣の世耕政隆氏です。世襲のど真ん中にいる人が世襲を擁護するのは当然でしょう。

　彼らの行動や言動を見ていると世襲は「穢れ」であることがはっきり見えてきます。彼ら自身がどこか後ろ暗い、正々堂々と開示できない居心地の悪さを感じているからです。もっとも、彼らにとってはこれも「禊ぎ」なのかもしれませんが。

　いずれにせよ、"人物が良いかどうか"の決定や"候補者の職歴や知見のチェック"の詳細を開示しない限り、口先だけのそしりは免れません。

◎世襲が「穢れ」である証明

　さらに数学的にも世襲議員は「穢れ」ていることを証明しましょう。

　まず結論から先に言いますと、「親または祖父母が衆議院議員である（だった）人は、そうでない人の2300倍も当選しやすい」のです。

　では、2300倍の根拠を示します。

　まず、データとして戦後の衆議院議員経験者は約2500人いました。また日本の戦後出生率平均を1.8とします。

　これをもとに衆議院議員経験者の直系一親等と二親等の人数を計算すると直系一親等は2500×1.8＝4500人となります。これが議員経験者の子供たちの人数です。この4500人に再び出生率1.8を掛けると8100人になります。これが孫世代の数字となります。合計すると、戦後の衆議院議員経験者の直系一親等と二親等の総数は1万2600人でした（嫡子1.8人、嫡孫3.24人）。この1万2600人が世襲候補者の総数ということになります。

　続いて、自民党の世襲議員比率を見てみましょう。

　2017年の総選挙では31.7%という数字が出ていますので3割とします。つまり、衆議院議員小選挙区議席300のうち90議席を1万2600人で競うことになるわけです。別の言い方をすれば、世襲潜在候補者1万2600人の0.7%が衆議院議員になれる、ということです。

　一方、世襲ではない一般の人たちのパーセンテージはどうなのかというと、衆議院議員被選挙権者数（25歳以上）は9879万人です。この人数が議席数300を争うわけで、当選確率は0.0003%となります。

　衆議院議員経験者の直系一親等と二親等の人々の当選確率は0.7%。そうでない一般の人たちの当選確率は0.0003%です。

よって、親または祖父母が衆議院議員である（だった）人は、一般の人の2300倍も当選確率が高いということになります。

　計算の仕方はいろいろあるでしょうし、数字の取り方によっても違ってくることもあるとは思います。
　しかし、どんな計算方法、どんな数字の取り方であっても世襲議員のほうが遥かに有利となるのではないでしょうか？　結果ありきの意図的な計算方法でもしない限り、大きく結果が変わることはないと思います。
　この数字を見てわかることは、戦前の貴族院議員のように国会には3割の世襲専用議席があることです。
　親や祖父が国会議員だと、一般国民の2300倍も有利な人たちが世襲議員なのです。さらに本来世襲議員ではない菅義偉氏にしても、その内閣は閣僚20人中12人が世襲議員といわれています。つまり、世襲はどう見てもアンフェアであり、汚濁であり、「穢れ」です。
「穢れ」た世襲議員たちの跳梁跋扈によって、いまの日本はすべての点において悪くなっているのです。

◎世襲カースト制を国会からなくす苫米地提案

「穢れ」た世襲カースト制を国会から排除するためには我々国民が積極的に働きかけていく以外に方法はありません。
　そのための現実的な方法が以下になります。

〈国政選挙候補者に対する提案〉
①在命か否かにかかわらず議員の三親等以内の家族は地域が重なる選

挙区からの立候補を禁止する。ただし、全国区を除く。

②「世襲議員にも職業選択の自由がある」などといった的外れな論理もあるので、国民投票法改正を機に国民投票で憲法を改正して国会議員の世襲を憲法で禁じる。

　今年の国政選挙の候補者は、この2つを公約に掲げることを強く推奨します。忘れてほしくないのは、これを掲げる候補者は一般の有権者約1億人を味方につけることが可能となるということです。

　ほとんどの国民は世襲にノーと言っています。その声をすくい取って、国政の場に持っていくのが国会議員の本来の役目であり、そういう人材こそがいま国民から求められているのです。

〈政党に対する提案〉

①三親等以内に国会議員がいる候補者が選挙に出る場合は当該三親等と同じ選挙区からの出馬を禁止する。

②同じ選挙区というのは祖父母や父母が戦った選挙区と物理的に重ならないことを言う。選挙区はよく変わるので、一部でも重なっていたらその区では出られない。比例区での出馬も当然、厳禁。

③各党によって選挙区の線引を変えることで、世襲反対への取り組みをアピールする。世襲に厳しい党であることをアピールしたいのであれば、祖父母や父母の選挙区とできるだけ離れる。まったく違う都道府県で戦わせるという最も過酷な選択肢を選んでもいい。選挙区の境界線を容認するか、しないかもアピールポイントになる。例えば、父が一区で戦った場合、隣り合う二区ならOKとするか、一区と二区の境界線も重なった部分と見なすか。一区の境界線と接しない三区や四区を選挙区とすれば、世襲への取り組みはよりアピー

ルできる。

　この提案はかなり現実的なものではないでしょうか？

　自分とは地縁、血縁がまったくない土地で戦う、いわゆる落下傘候
補は、それはそれで大変なものがあるでしょう。

　ですから、世襲であっても出たいのであれば、親とは違う選挙区で
戦うのは最低限守るべきルールです。ただし、隣の地区に移るだけで
すから、先代の支持者たちが住民票を移し替えるなどの抜け道はいく
らでもできます。そういう部分の監視も怠ってほしくないです。

　いずれにせよ、各政党がこれからの国政選挙を戦う時には、世襲禁
止は有権者に大きくアピールできる要素となるはずです。野党は当然
として与党も一考に値する提案でしょう。

　そもそも国会議員の数で言えば、世襲でない議員のほうが３倍も多
いのです。ところが、党三役を得るにしても入閣にしても、世襲議員
ばかりが得をしています。大臣になることを何年、何十年も待ってい
る人たちがいるのに、あとから来た、ただ血がつながっているという
だけの若輩者に席は配されていきます。

　こんな理不尽な話はないでしょう。私はそういう議員たちに言いた
いのです。「いつまでそうやって煮え湯を飲まされているのですか？」
「結局、席は回ってこないことだってあるんですよ。それでいいので
すか？」と。

　一部の世襲議員だけが甘い汁を吸う、こんな政界を変えるには世襲
でない議員たちの踏ん張りこそが一番の原動力のような気がしてなり
ません。今年はそのチャンスなのです。変えていきましょう。

　以上が議員たちに対する提案で、続いて有権者に対する提案を行

います。

〈有権者に対する提案〉
　有権者に対する提案はシンプルです。
①世襲議員には投票しない。候補者としてそもそも見ない。
②世襲議員であっても親や祖父母とは違う選挙区で選挙を戦う人間は
　候補者の一人としては考える。しかし、そこでサラブレッド的な感
　覚で見るのは厳禁。日本では古くから世襲の息子は出来が悪いとい
　う常識があることを念頭において投票行動を決めていく。

　結局、有権者が世襲を認めるから、世襲はなくならないのです。
　世襲は差別であり、「穢れ」なのです。それは本書で何度も証明し
ました。そろそろ気づいてください。
　また、日本における世襲は「家」の継続であって、「血」の継続で
はありません。「血」に意味があるのは天皇家だけです。ほかは武家
でも商家でも農家でも能力のあるものが「家」に入って、「家」をつ
ないでいくのです。これが日本に昔からある世襲の本質です。
　それを明治時代に入って「血」の継続こそが正当のようなロジック
に変えてしまったためにいま混乱が起きているのです。
　血縁のみでつながる世襲は「差別」につながります。身分の固定化
の役割しかしないからです。そしてそれは「穢れ」そのものと言って
いいのです。
　さあ、今年こそ、世襲議員にはノーを突きつけていきましょう。

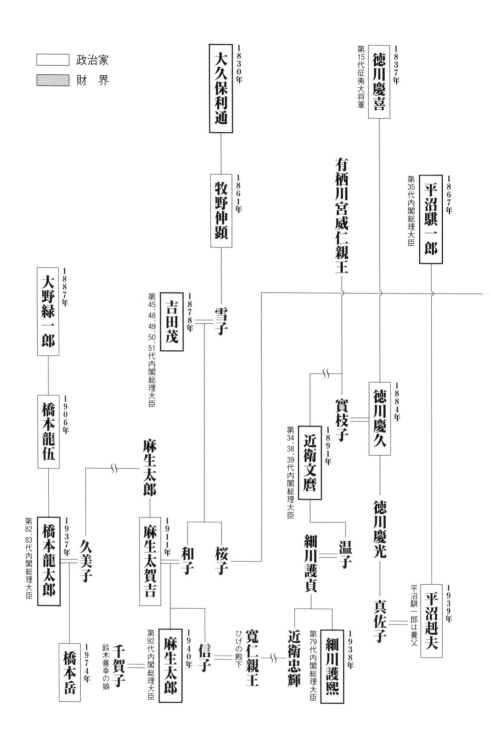

政治家

財界

大久保利通　1830年

牧野伸顕　1861年

雪子　1878年

吉田茂　第45、48、49、50、51代内閣総理大臣

大野緑一郎　1887年

橋本龍伍　1906年

橋本龍太郎　第82、83代内閣総理大臣　1937年

久美子

橋本岳　1974年

麻生太郎

麻生太賀吉　1911年

和子

桜子

千賀子　鈴木善幸の娘

麻生太郎　第92代内閣総理大臣　1940年

信子

寛仁親王　ひげの殿下

近衛忠輝

細川護熙　第79代内閣総理大臣　1938年

細川護貞

近衛文麿　第34、38、39代内閣総理大臣

温子

實枝子　1891年

有栖川宮威仁親王

徳川慶喜　第15代征夷大将軍　1837年

徳川慶久　1884年

徳川慶光

真佐子

平沼騏一郎　第35代内閣総理大臣　1867年

平沼赳夫　平沼騏一郎は養父　1939年

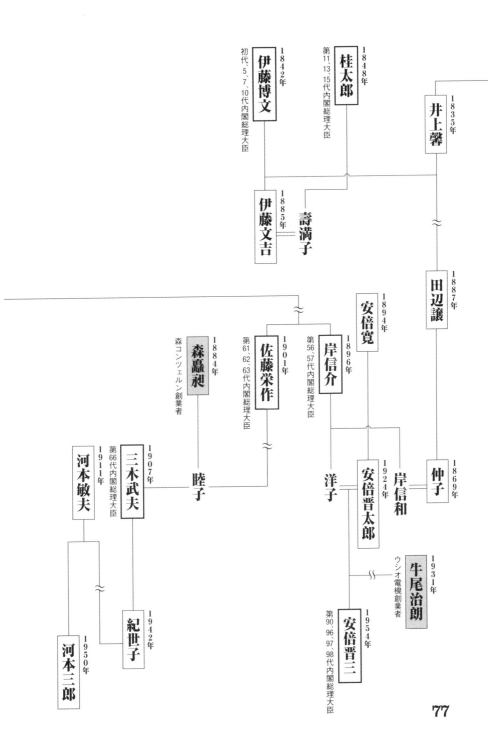

伊藤博文
1842年
初代、5、7、10代内閣総理大臣

桂太郎
1848年
第11、13、15代内閣総理大臣

井上馨
1835年

伊藤文吉
1885年

壽満子

田辺譲
1887年

安倍寛
1894年

仲子
1869年

岸信介
1896年
第56、57代内閣総理大臣

森矗昶
1884年
森コンツェルン創業者

佐藤栄作
1901年
第61、62、63代内閣総理大臣

河本敏夫

三木武夫
1907年
第66代内閣総理大臣

睦子

洋子

安倍晋太郎
1924年

岸信和

牛尾治朗
1931年
ウシオ電機創業者

河本三郎
1950年

紀世子
1942年

安倍晋三
1954年
第90、96、97、98代内閣総理大臣

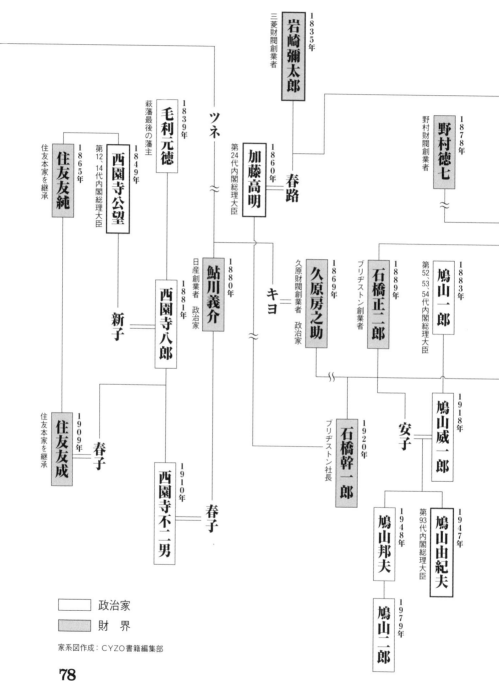

岩崎彌太郎 1835年
三菱財閥創業者

野村徳七 1878年
野村財閥創業者

毛利元徳 1839年
萩藩最後の藩主

西園寺公望 1849年
第12、14代内閣総理大臣

住友友純 1865年
住友本家を継承

加藤高明 1860年
第24代内閣総理大臣

春路

ツネ
〜

鳩山一郎 1883年
第52、53、54代内閣総理大臣

鮎川義介 1880年
日産創業者　政治家

西園寺八郎 1881年

久原房之助 1869年
久原財閥創業者　政治家

石橋正二郎 1889年
ブリヂストン創業者

新子

キヨ
〜

鳩山威一郎 1918年

安子

春子

石橋幹一郎 1920年
ブリヂストン社長

西園寺不二男 1910年

春子

住友友成 1909年
住友本家を継承

鳩山邦夫 1948年

鳩山由紀夫 1947年
第93代内閣総理大臣

鳩山二郎 1979年

政治家

財界

家系図作成：CYZO書籍編集部

78

［明治から現在まで続く世襲家系図］

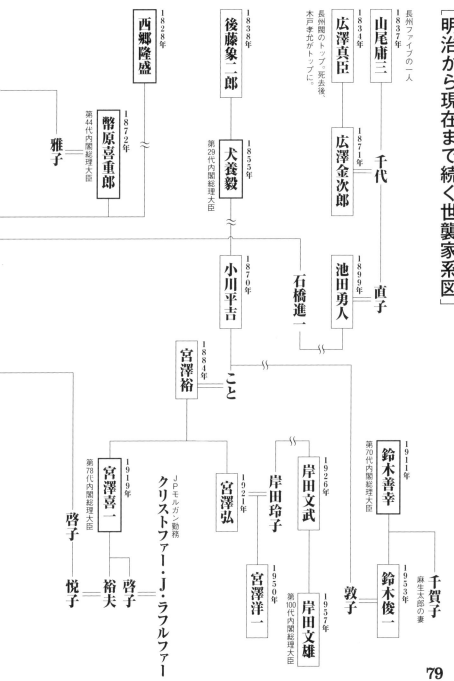

長州ファイブの一人
山尾庸三
1837年

1834年
広澤真臣

長州閥のトップ。死去後、
木戸孝允がトップに。

千代

広澤金次郎
1871年

直子
1899年

池田勇人

1828年
西郷隆盛

幣原喜重郎
1872年
第44代内閣総理大臣

雅子

後藤象二郎
1838年

犬養毅
1855年
第29代内閣総理大臣

石橋進一

小川平吉
1870年

こと
1884年

宮澤裕

宮澤弘

宮澤喜一
1919年
第78代内閣総理大臣

JPモルガン勤務
クリストファー・J・ラフルファー

啓子

悦子

啓子

裕夫

岸田玲子
1921年

岸田文武
1926年

宮澤洋一
1950年

岸田文雄
1957年
第100代内閣総理大臣

敦子

鈴木善幸
1911年
第70代内閣総理大臣

鈴木俊一
1953年

千賀子
麻生太郎の妻

79

[著者紹介]

苫米地英人（とまべち・ひでと）

認知科学者（計算言語学・認知心理学・機能脳科学・離散数理科学・分析哲学）。カーネギーメロン大学博士（Ph.D.）、同CyLabフェロー、ジョージメイソン大学C4I&サイバー研究所研究教授、早稲田大学研究院客員教授、公益社団法人日本ジャーナリスト協会代表理事、コグニティブリサーチラボ株式会社CEO兼基礎研究所長。マサチューセッツ大学を経て上智大学外国語学部英語学科卒業後、三菱地所へ入社、財務担当者としてロックフェラーセンター買収等を経験、三菱地所在籍のままフルブライト全額給付特待生としてイエール大学大学院計算機科学博士課程に留学、人工知能の父と呼ばれるロジャー・シャンクに学ぶ。同認知科学研究所、同人工知能研究所を経て、コンピュータ科学と人工知能の世界最高峰カーネギーメロン大学大学院博士課程に転入。計算機科学部機械翻訳研究所（現Language Technology Insitute）等に在籍し、人工知能、自然言語処理、ニューラルネットワーク等を研究、全米で4人目、日本人として初の計算言語学の博士号を取得。帰国後、徳島大学助教授、ジャストシステム基礎研究所所長、同ピッツバーグ研究所取締役、通商産業省情報処理振興審議会専門委員などを歴任。また、晩年のルータイスの右腕として活動、ルータイスの指示により米国認知科学の研究成果を盛り込んだ最新の能力開発プログラム「TPIE」、「PX2」、「TICE」コーチングなどの開発を担当。その後、全世界での普及にルータイスと共に活動。現在もルータイスの遺言によりコーチング普及後継者として全世界で活動中。サヴォイア王家諸騎士団日本代表、聖マウリツィオ・ラザロ騎士団大十字騎士。近年では、サヴォイア王家によるジュニアナイト養成コーチングプログラムも開発。日本でも完全無償のボランティアプログラムとしてPX2と並行して普及活動中。

差別の歴史を遡ってわかった！
世襲議員という巨大な差別

2021年10月14日 初版第1刷発行

著　　　者── 苫米地英人
発　行　者── 揖斐　憲
発　行　所── 株式会社サイゾー
　　　　　　 〒150-0043 東京都渋谷区道玄坂1-19-2-3F
　　　　　　 電話 03-5784-0790（代表）
編集協力── 中村カタブツ君
ブックデザイン── 坂本龍司（cyzo inc.）

印刷・製本── 株式会社シナノパブリッシングプレス

©Hideto Tomabechi 2021 Printed in Japan
ISBN 978-4-86625-146-2